弗莱明传

李慧君◎著

时代文艺出版社

图书在版编目（CIP）数据

弗莱明传 / 李慧君著. —长春：时代文艺出版社，2016.4（2021.5重印）
ISBN 978-7-5387-5126-0
Ⅰ.①弗… Ⅱ.①李… Ⅲ.①弗莱明，A.（1880~1955）—传记 Ⅳ.①K835.616.2

中国版本图书馆CIP数据核字（2016）第001768号

出 品 人　陈　琛
责任编辑　初昆阳
助理编辑　孙英起
装帧设计　孙　利
排版制作　隋淑凤

本书著作权、版式和装帧设计受国际版权公约和中华人民共和国著作权法保护
本书所有文字、图片和示意图等专有使用权为时代文艺出版社所有
未事先获得时代文艺出版社许可
本书的任何部分不得以图表、电子、影印、缩拍、录音和其他任何手段
进行复制和转载，违者必究

弗莱明传

李慧君　著

出版发行 / 时代文艺出版社
地址 / 长春市福祉大路5788号　龙腾国际大厦A座15层　邮编 / 130118
总编办 / 0431-81629751　发行部 / 0431-81629755
官方微博 / weibo.com / tlapress　天猫旗舰店 / sdwycbsgf.tmall.com
印刷 / 保定市铭泰达印刷有限公司
开本 / 710mm×1000mm　1 / 16　字数 / 132千字　印张 / 12
版次 / 2016年4月第1版　印次 / 2021年5月第2次印刷　定价 / 39.80元

图书如有印装错误　请寄回印厂调换

授奖辞
Award-winning Remarks

发现青霉素及其对各种传染病的疗效。

——诺贝尔奖委员会

目录 Contents

序言　幸运之神两次降临 / 001

第一章　童年时光
  1．乡村生活 / 002
  2．故乡苏格兰 / 004
  3．小山村里的学生时代 / 011
  4．外面的世界 / 013

第二章　伦敦求学
  1．第二故乡伦敦 / 018
  2．为生计奔波 / 023
  3．医学生涯的开始 / 035

第三章　莱特研究室里的研究
  1．完成学业 / 042
  2．进入莱特研究室 / 045
  3．崭露头角 / 048
  4．浪漫的邂逅 / 056

第四章　战争阴霾下的研究
  1．战地医生 / 070
  2．硝烟中的婚礼 / 079
  3．战后的研究 / 083

  4．盘尼西林的发现 / 091

第五章 牛津大学的研究
  1．弗洛礼教授 / 108
  2．简陋的"制药厂" / 113
  3．并肩战斗 / 122
  4．艰难的人体实验 / 127

第六章 光辉岁月
  1．蜚声国际 / 136
  2．为了人类的健康 / 141
  3．弗莱明与丘吉尔 / 147
  4．诺贝尔医学奖 / 151
  5．最后的时光 / 159

附 录
  弗莱明生平 / 172
  获奖辞 / 174
  获奖时代背景 / 177
  弗莱明年表 / 179
  获奖当年世界大事记 / 180

序言
幸运之神两次降临

亚历山大·弗莱明说："机会，只留给有准备的头脑。"的确，在亚历山大·弗莱明的身上，我们看到了机会的降临，幸运女神就仿佛是一个暗恋已久的情人，一下子就扑到了他的怀中。1928年9月15日，亚历山大·弗莱明在一次偶然的实验中，发现了盘尼西林（青霉素），使他在细菌学研究领域上获得了巨大的成功。盘尼西林的发现，让亚历山大·弗莱明也博得了全世界人民的尊重，同时他也得到了应有的荣誉。他先后荣获不同国家的荣誉学位二十五个，荣誉市民称号十五个，以及其他的个人荣誉一百四十多项。在他所获得的荣誉里面，最值得他兴奋的是诺贝尔医学奖。

亚历山大·弗莱明本是一个苏格兰农民的儿子，他的家在苏格兰的西南地区，一个叫亚尔郡高地的地方。那里算不上是一个美丽的地方，没有美丽的山川和湖泊，只有山丘、峡谷以及一年四季没有停止过的狂风。亚历山大·弗莱明的童年就是在这样的环境中度过的。

十四岁之后，亚历山大·弗莱明才离开家乡，来到大城市伦敦。起初，亚历山大·弗莱明并不是一个受人尊敬的人物，而是一个从乡下来到伦敦的可怜人。直到1901年的7月，幸运之神降临到了亚历山大·弗莱明的身上，他顺利地通过了医学院十六个学科的考试，并在三个月之后中，成为圣玛丽医科大学的一名正式学生。

在圣玛丽医科大学，亚历山大·弗莱明遇到了奥姆罗斯·莱特。在这位导师的影响下，亚历山大·弗莱明渐渐从一个普通的学生，成长为一个对细菌学进行研究的专家。第一次世界大战的伤员，让亚历山大·弗莱明不得不中断他的研究，而到了法国。在恶劣的战场环境中，奥姆罗斯·莱特贡献出了自己的研究成果"伤寒疫苗"。在当时的情况下，如果没有奥姆罗斯·莱特的"伤寒疫苗"，英国将会有十二万以上的士兵，因为伤口感染而失去生命，但事实上只有一千多名士兵因伤口感染而死亡。

"如果能找到一种更有效的杀菌剂，不就可以挽救更多人的生命吗？"这样的一种想法，开始在亚历山大·弗莱明的脑海中形成。战争结束以后，他回到圣玛丽医院，继续进行他的细菌研究。1915年12月23日，弗莱明和莎琳在伦敦正式结婚。1919年1

月，两个人开始了真正意义上的婚姻生活。这个时期，弗莱明过着很平常的生活，他的细菌研究也似乎仍是那样，一天一天过去了，没有什么特别惊人的发现。

1922年的一天，亚历山大·弗莱明像平常一样去做实验，由于那一天他正感冒，无意之间向着培养细菌的器皿中打了一个喷嚏。他当时并没有意识到，这一个喷嚏将会给实验带来一个不同的结果。后来，他在观察培养皿的时候，才发现在沾染喷嚏黏液的地方，竟然没有细菌。这引起了弗莱明的注意，对一件事情进行了细致的观察和研究，他发现了一种可以溶解细菌的"溶菌酶"。这对于一直想找到更有效杀菌剂的弗莱明来说，是一个十分利好的消息。但是，经过一段时间的观察和研究，这种溶菌酶只对那些无害的微生物起作用，并不是弗莱明想要的杀菌剂，他因此也对这一种"溶菌酶"失去了兴趣。

"溶菌酶"的研究失败之后，弗莱明又开始了漫长的细菌实验，他寻找更有效杀菌剂的行动，就这样一天一天地进行着，似乎成功的可能性十分的渺小。就在1928年的一天，幸运之神降临到了弗莱明的头上。他在进行观察的时候，发现一只废弃的培养皿中，长出了一种特别神奇的真菌。弗莱明进一步仔细观察这种真菌，在没有真菌的地方，有许多的葡萄球菌。凡是有真菌的地方，连葡萄球菌的影子都看不见。葡萄球菌是一种可以对人体造成严重伤害的细菌，这种真菌能阻碍葡萄球菌的生长，这说明他对于人类是有积极意义的。在经过了一系列的观察实验之后，弗莱明发现这种真菌，能够阻碍多种病毒性细菌的生长。他看到了有效杀菌剂的希望，但是经过一段时间的研究和观察，弗莱明的热情也被消磨了大半。

这种真菌虽然能阻碍多种致病细菌的生长，但是它的作用很慢，如果大量生产，还存在很大困难。所以弗莱明就把这种真菌命名为"盘尼西林"，并把它写在了自己的论文之中。论文在1929年发表之后，并没有引起业界的重视。

幸运之神总是光顾那些有追求的人，如果弗莱明的发现，一直不被人重视，很可能人类将不会拥有盘尼西林。弗莱明在进行了其他项目的实验之后，重新发现了"盘尼西林"的意义。在与弗洛礼和钱恩合作研究之后，真正用于临床应用的盘尼西林才最终问世。因此，1945年他和弗洛礼、钱恩共同获得了诺贝尔医学奖。

亚历山大·弗莱明在他获得诺贝尔医学奖十年之后，于1955去世，享年七十四岁。他传奇般的人生，很难被后来者忘记。

第一章 童年时光

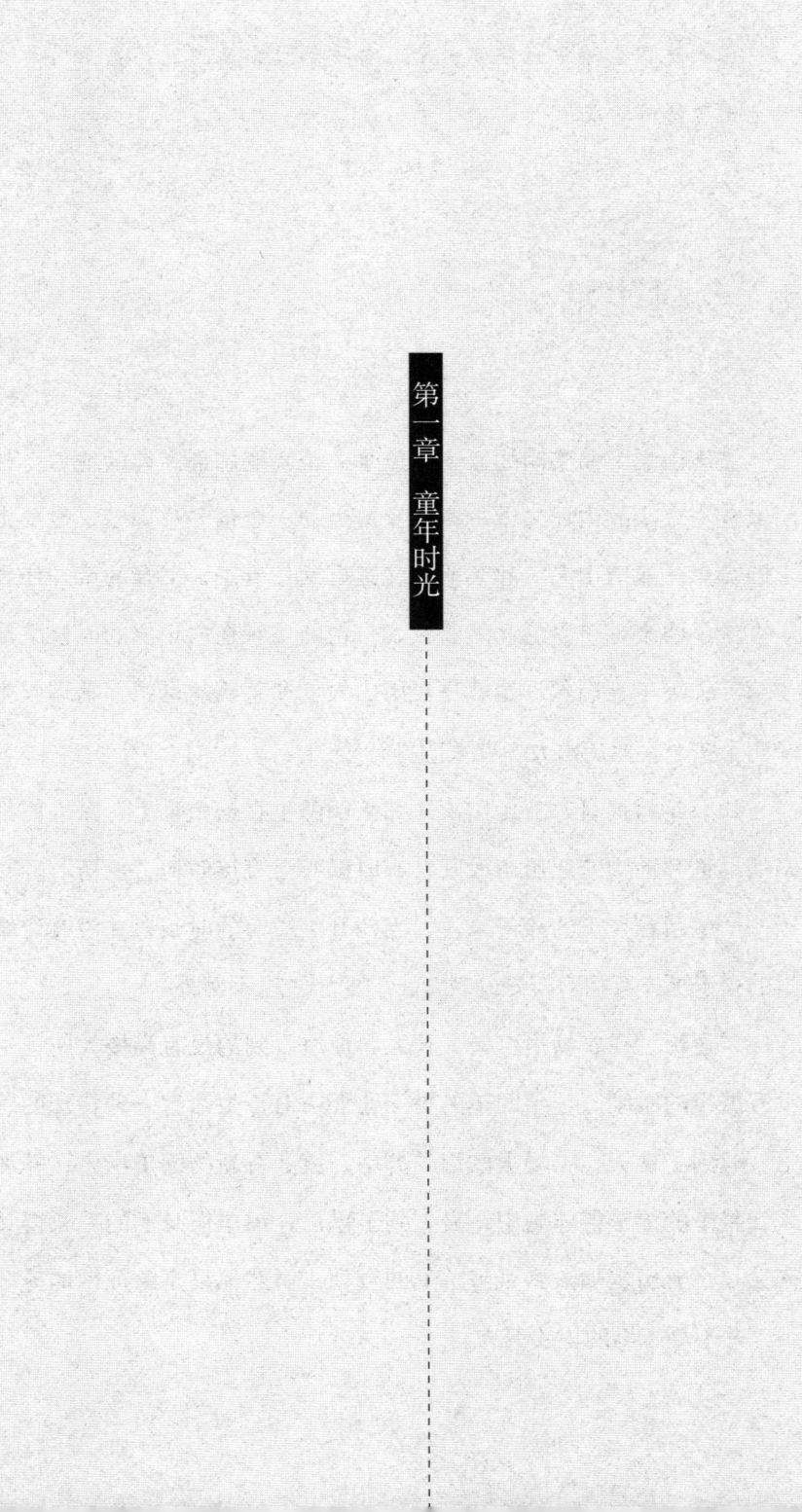

> 日常生活中，任何一个人都可以自由地研究。甚至做出有价值的成果。

1. 乡村生活

亚历山大·弗莱明的家乡，位于一个叫亚尔郡高地的地方，他的家在一个小的山丘之上。离他家最近的一个镇子达佛镇，也要走上四英里。亚历山大·弗莱明的父亲有两任妻子，父亲的第一任妻子在生了四个孩子以后，就去世了。他的父亲在六十岁的时候又娶了第二个妻子葛瑞丝，她就是亚历山大·弗莱明的母亲。葛瑞丝生了四个孩子，亚历山大·弗莱明排行第三。

1881年8月6日，亚历山大·弗莱明降生在这个世上，家人们都亲切地称呼他为"亚历山大"，有时候甚至直接叫他"亚历"。对于一个生活在乡下的孩子来说，当他开始懂事的时候，并没有像城里的孩子那样有相对较好的教育，"亚历"也不例外。

"亚历"在农场里一天天长大，他所看到的没有高楼大厦，也没有城市的喧闹。一年四季的更迭让亚历对于生命有一种特殊的感悟。一到了春天，农场里的绵羊群中，就会有新的绵羊出生，并加入到整个的绵羊群体当中；夏天到了以后，绵羊们身上的毛长得又密又长，亚历也加入到了剪羊毛的行列，虽然他只是象征性地剪一下，并不是家里的主要劳力。

秋天到了以后，人们就开始劈木柴，并把野外的草收割回来，晒成干草堆放在一起。当把一应事项都准备齐全以后，冬天也悄悄地降临了。冬天的狂风和大雪对于亚历家的农场来说，可不是好的消息。当狂风大雪来到了以后，在很短的时间内就要把羊安顿好，否则就有可能被活埋。

在亚历的家里，大一点的孩子们都要去照看家畜，做一些比较重的活；像亚历这样的小孩子们，就只能去照看绵羊，所以他们有很多的闲暇时光。亚历经常与小伙伴约翰和罗勃一起玩耍，约翰比亚历大两岁，而罗勃比亚历小两岁。他们或者是到农场的空地上去玩，看着远处的天空；或者几个人背着大人，偷偷到小溪的上游去探险。有时候，亚历他们也到小溪里去游泳或者钓鱼，这样一段悠闲而又无虑的生活，对于他的成长起到了很重要的作用。

在七岁那一年，亚历的父亲去世了，家庭的重担就落在了大哥和母亲的肩上。在亚历家的农场里，每年都会有一些收入，但数量是很有限的。对于亚历来说，他不需要太多的钱，因为在周围也没有什么可以花钱的地方。亚历要想找到快乐，在农场里以及农场的周围，是很容易就能够做到的。就是在这样的一种环境中，亚历度过了他人生中最纯真的年代。

亚历山大·弗莱明家的农舍是一座两层的建筑。下层的居室和上层的阁楼，是苏格兰农家典型的构造。白色的墙，灰色的顶，屋顶上耸立的烟囱，还有门前的水井，是他们生息的所在。农舍面前是一片崎岖不平的牧场，成群的牛羊时隐时现。后面生长着遍布苏格兰的代表植物——石楠。房子是完全独立的，不靠傍什么。亚历山大·弗莱明在这里度过了他生命中最初的十四年黄金岁月。

2. 故乡苏格兰

　　苏格兰是亚历山大的故乡，独特的苏格兰文化融入了他的血液，同时也造就了一代医学天才。我们了解亚历山大，首先要从了解他的故乡开始。苏格兰是英国的一部分，其历史资料也一直是散落于有关英国史的书籍中。除了苏格兰本地以外，在其他一些地方很难见到专门有关苏格兰历史的书籍。

　　过去的很长一段时间内，苏格兰和英格兰一直属于两个国家。它们之间的政治制度、风俗习惯、宗教文化等都有非常大的差异。迄今许多苏格兰人还自认为苏格兰与英格兰是截然不同的两个国家，尽管从我们外人看起来它们十分相似。

　　自从罗马人离开了不列颠岛以后，在岛的北部存在着四个国家，每个国家都拥有属于自己的国王。而这四个国家中，最大的那个国家占据着从福斯河到潘特兰湾之间的广阔地区。这个国家的人民被称为皮克特人。这是罗马人给他们起的名字，据说这些人出去打仗的时候，总是把颜色涂在身体上，而拉丁文pictus就是涂色的意思。

　　我们无从知晓这些皮克特人是从哪里来的，也不知道他们说的是何种语言。他们分为南北两个国家，即南皮克特和北皮克特。但最终都归属于一个国王的统治之下。这个皮克特王国只存在了几年的工夫,对于我们所提到的四个民族来说,皮克特人是唯一的一个已经消失了的名字,我们现在只有在书本里才能看得到。

苏格兰的名字来源于它的第二个民族,正是由于这个伟大的民族才有一个被称作苏格兰的国家。他们被称为斯各特人。这个民族来自一个我们现在称之为爱尔兰的地方,但在相当长的一段时期内,那地方不叫爱尔兰,而叫做苏格兰,因而以往的爱尔兰人叫做苏格兰人。

斯各特人所说的语言跟现在的苏格兰高地的人们所说的一样,当然,经过上百年的变化,现在已经面目全非了。他们给自己所居住的那块地方起了一个好听的名字,叫达里尔它,这个名字来自于爱尔兰岛上的一个地名,他们的祖先就是从那儿来不列颠的。达里尔它是所有的四个国家里最为弱小的一个,然而第一个统治整个苏格兰的国王就是来自这个国家。

第三个民族的名字到现在仍然还在用,既可用来称呼苏格兰人,也可以用来称呼英格兰人。这个民族通常被称为不列颠人,他们主要居住在克莱德河流域。他们跟斯各特人都属于同一个种族,也就是凯尔特人。但他们所讲的语言与苏格兰高地的人们讲的语言完全不一样,而是跟威尔士语差不太多,威尔士人也属于凯尔特人。他们所居住的地方称为斯特拉斯克莱德。

第四个民族就是盎格鲁人,也就是我们现在说的英格兰人。他们的祖先来自丹麦南部的一个叫做斯勒斯威格的部落。来到不列颠岛以后,他们定居在东部沿海的地方。这些盎格鲁人是一个十分勇敢善战的民族，他们一直都想方设法要征服周围的邻国，特别是斯特拉斯克莱德的不列颠人。盎格鲁人说的语言跟现在英国人说的一样，当然也是发生了相当大的变化。所以，苏格兰人的名字往往都来自讲盖尔语的斯各特人，而他们讲的语言却是来自英格兰人，这点不禁让人感到非常奇怪。

同世界上的其他任何地方相同，这四个国家之间也经常彼此进行征伐，每个国家的国王都梦想成为统治整个地区的主人。不过此时的基督教已经广泛流传到了北不列颠岛，这四个国家的人民普遍接受了基督教的影响，他们相互间有了共同宗教的纽带，这为以后四个国家能联合成为一个国家创造了良好的条件。

最初，盎格鲁王在当时被看成是最有可能成为统一整个苏格兰的国王。在一段相当长的时间内，盎格鲁王势力最为强大，他们常年强迫其他国王称臣纳供。然而，就在公元685年，一个名叫艾格弗里斯的士兵侵入现在被称为邓尼城的地方，盎格鲁王在那里被彻底击败了，他本人以及他的军队几乎全部阵亡。自那场战役之后，盎格鲁王国就已江河日下，他们的国王再也没有能力争霸天下了。

后来，在公元843年，发生了一件大事，我们至今无法解释它为何会发生，也没有任何历史记载能够告诉我们准确的答案。一个名字叫马克阿尔平的人征服了皮克特和斯各特两个民族，成为他们共同的国王。

至此，在北不列颠就只有三个国王了，而不是以往的四个，现在的首要问题是谁会成为霸主。由于马克阿尔平统治了其中的两个国家，他的势力自然比另外两个国王更为强大。毫不奇怪，他想进一步扩大他统治的版图。马克阿尔平多次率领大军侵入周围的国家，但他从未能彻底征服盎格鲁人，直到他死的那一天。

最终成功征服盎格鲁国家的国王名叫马尔科姆二世，他在位的时间为公元1005年到1034年。在公元1018年，马尔科姆二世征集了一支十分庞大的斯各特人军队，带领他们迅速跨过福斯河，来到了一个叫卡罕的地方。当盎格鲁人看到马尔科姆二世率领大军来犯时，都吓得半死。他们在卡罕的战斗中被完全击败了，他们的军队彻底崩溃了。盎格鲁人在卡罕之役以后再也没有能力同马尔科姆二世对抗，于是他就成了阿尔班和盎格鲁的共同的国王。

另一件十分巧合的事也发生在马尔科姆二世的统治时期。就在公元1018年，也就是他获得卡罕之役胜利的这一年，不列颠人的国王突然死了，他没有留下后人来继承他的王位。在斯各特与不列颠王室之间曾有过很多次联姻，而现在马尔科姆二世依据血缘关系刚好能成为跟不列颠王位最为靠近的继承人。因而，经过了那么多年的争斗以及演化，这四个国家终于在邓肯一世统治的时候实现了彻底统一。

在苏格兰这片充满梦幻色彩的古老土地上，生活着一群热情、勇敢而又奔放的苏格兰人。数百年来，他们经历了风风雨雨，依旧自豪而执着地坚守着属于他们自己的民族文化。醇美热辣的威士忌、婉转悦耳的风笛、质朴素雅的方格裙，还有那象征着坚忍不拔民族精神的蓟花，无不体现着苏格兰民族的自强、豪迈、自由与荣光。

若要向现代人提起苏格兰，估计人们最容易联想到的很可能是威士忌。威士忌被公认为苏格兰的国酒，它也是苏格兰的国家标志。在盖尔语中，威士忌具有"生命之水"的意思，它是由麦芽谷物酿制而成的一种烈酒。而苏格兰生产的威士忌酒称为苏格兰威士忌，它已有数百年的历史。只有在苏格兰酿制并在木桶中陈化至少三年以上的威士忌，才能称得上是正宗的苏格兰威士忌。

毋庸置疑，不论从听觉上、还是从视觉上来说，苏格兰风笛都是最具特色的苏格兰文化标志之一。苏格兰风笛多种多样，其中高地的大风笛是苏格兰最为常见的一种风笛，它的声音高亢浑厚，也因此经常在户外演奏。

其实，风笛并不是真正起源于苏格兰，很多学者认为它源于亚洲。但即便不是苏格兰人发明了风笛，却正是他们把风笛发展成苏格兰的音乐传统之一，使之充满了无限的活力，长盛不衰。风笛其实更适合苏格兰军队在正式仪式上演奏。在苏格兰，风笛比赛也非常盛行，其中最受欢迎的是全球风笛乐队大赛，每年的8月份会在格拉斯哥举行。

苏格兰方格裙以及它的原材料格子呢也是苏格兰非常著名的标志性文化符号。方格裙作为苏格兰的国服，一直都用来作为男人在结婚或是重大庆祝活动等正式场合中的着装。在苏格兰以往的军队仪式制服中，方格裙也始终占有着一席之地。方格裙还是所有学校制服或童子军制服的最主要的款式。

苏格兰方格裙都是由格子呢制成的。这种特殊的织物无疑也是苏格兰的主要标志之一，它也因此被世界公认为是苏格兰独特的民族象征。苏格兰有众多高地家族，各家族之间都是由有血缘关系的成员组成的一个个大家庭。每个家族都有自己风格的格子呢。家族成员常常穿着具有自己家族风格的格子呢制成的方格裙。甚至伊丽莎白女王都拥有她特有风格的格子呢，它也被称为皇家斯图尔特格子呢。

蓟花被称为苏格兰的国花，它也是苏格兰的显著标志之一。蓟花是一种当地特有的野生植物，花为紫色，叶子带有尖刺。这种花经常出现在苏格兰的许多标志与徽标上，甚至还曾经出现在英国的硬币上。为何这种植物会成为苏格兰的民族标志呢？

传说有一队苏格兰士兵在酣睡中差点遭到北欧海盗的突袭，最后终于侥幸脱险，只由于一个海盗踩到野蓟花时发出的叫声惊醒了士兵。蓟花也因此被称作"护卫花"，苏格兰人为表达感激之情，把蓟花奉为国家的象征。

苏格兰旗非常具有民族特色，它是苏格兰的又一个十分重要的文化标志。传说苏格兰旗源自于9世纪，也因此被史学界看作是欧洲历史上最为久远的国旗。苏格兰旗的最显著特色在于旗帜上的圣安德鲁斜十字，也称作圣安德鲁十字旗，圣安德鲁一直是苏格兰民族的守护神。

相传，圣安德鲁十字旗发源于欧洲中世纪黑暗时代，在东洛锡安发生的一场战役。据说大战前夜圣安德鲁突然显现，他告诉国王安格斯此次战役一定能够大获全胜。第二天早晨，在无垠的天空中出现了一个巨大的白色斜十字。国王安格斯果真赢得了东洛锡安战役的胜利，圣安德鲁十字旗也就理所当然地成了苏格兰的国旗。

盖尔语则是苏格兰最为古老的一种语言，它拥有着欧洲最有特点的吟唱与口述传统。为了使盖尔语能够永葆活力，苏格兰诞生了众多团体，他们一直在进行着艰难的抗争。他们的努力最终也的确是很有成效的。

虽然到了20世纪中叶，盖尔语已经濒临消亡的窘境，但是现在，这种小众语言又逐步融入了大众的生活。现今的国家机关、地方政府与商业组织等正式机构都使用盖尔语的名称。此外，还有很多盖尔语的幼儿游戏班和学生职业盖尔语课程，甚至还有一些专门用盖尔语的电视节目。

苏格兰人对于世界的贡献可谓数不胜数，但在这一长串的成绩单上，却有一项经常为世人所忽略，那就是彭斯晚宴。彭斯晚宴每年都要举办，用做纪念苏格兰著名的民族诗人罗伯特·彭斯。苏格兰的1月通常天色阴暗，寒气逼人，被认为是布满了圣诞后的阴霾。所以，在1月行将结束的时候，能有机会与好朋友相聚而餐，饮酒作乐，自然能调动人们的情绪。

彭斯晚宴第一次举办的确切时间大概没有人知道，但很有可能源自于某一个彭斯联谊会的策划安排。1796年，37岁的彭斯英年早逝，苏格兰中西部随后便出现了许多纪念彭斯的联谊会。现在，彭斯晚宴风行世界，每年到了1月25日，从莫斯科到曼哈顿，从纽芬兰到新西兰，处处都有彭斯晚宴举办。这些活动所共通的纽带，就是希望来长久纪念这位英语世界里最伟大的诗人之一。

正是这种富有浪漫气息的苏格兰文化，造就了苏格兰人民的独特民风。亚历山大的童年可以说是无忧无虑的。对于亚历山大来说，当他在农场上玩耍的时候，他仅仅是一个农家的孩子，就像其他的农家孩子一样。但是,就是这样一个农民的孩子,在不久的将来要离开这一片土地,去到伦敦去寻找自己的天地。在他以后的人生中,他将要在伦敦度过近五十年的时光,并发现了能拯救许多生命的青霉素。

3. 小山村里的学生时代

亚历山大·弗莱明应该说是一个幸运的孩子,因为他生长在一个农民家庭里。亚历的家庭依靠经营农场为生,他们并没有太多的钱,也让亚历从小培养起一种热爱生活,热爱生命的特性,这为他以后的研究生涯奠定了一个重要的心理基础。在亚历的家中,即使有一些钱了以后,亚历也不知道怎样去花,他所知道的就是融入到大自然中,去寻找大自然的快乐。这是生活在城市里的那些孩子所不能体会的。

许多年以后,弗莱明在回忆这段时间的生活时写道:"我很幸运,生长在偏远的农场上的一个大家庭里。我们没有什么钱可花。事实上,也没有地方去花钱。不过,在那样的一个环境里,找娱乐是很简单的,农场上有许多动物做伴,溪水里有鲤鱼。在大自然的潜移默化下,我们学到了许多,那是城市的人们所学不到的。"

老弗莱明的去世使这个本来就贫困的家庭更为贫困。他的母亲和大哥共同承担起经营牧场的重担,在他们的劳作下,生活勉强维持，并且他们还要把亚历山大他们几个抚养成人。虽然家境困难，但亚历山大的母亲和大哥还是坚持让他上学，于是，他有幸进入当地的乡村小学，开始了他的求学生涯。学校离弗莱明家两公里远，是一所异常简朴的山村学校，他们的教室是全校唯一的教室，所以，所谓学校就只有这一间教室和一位年轻的教师。

学生们全都来自附近的农舍。由于农舍分散得非常零散，学生们能有这么一个学校也已经很不容易了。十几个年龄不同的学童就集中在这里。坐在教室里那磨损的长凳上，大孩子的腿要蜷起来，而小孩子的脚尖离地还老远。桌子上布满了用小刀刻过的痕迹，还有使用墨水浸过的印痕，他们的课本也是破旧不堪的，书角也折得惊人。教室里非常的昏暗，以至于当天气晴朗的时候，年轻的老师就干脆把学生们带到河边上课。

就在这样简易以至破旧的乡村小学里，小亚历山大·弗莱明度过了他三年的小学时光。他的启蒙教育就像养育了他的苏格兰高地一样，质朴、粗糙，在这里，他学会了那些为他后来巨大成就奠基的知识，乡间学校宽松的环境，也培育了他自由想象的能力。

到了1891年，亚历山大·弗莱明年满十岁，告别了最初的学校，他和弟弟罗伯·弗莱明一齐转学来到了达佛镇附近一所学校。达佛镇在亚尔郡高地地区是那种颇具规模的小型城镇，对居住在大城市的人来说，它小得可怜，但对乡村的人们说来，则可称得上是繁华的所在了。达佛镇地处艾文河河畔，镇子形状狭长，沿着艾文河绿色的河谷延伸开来。这里自然条件相对优越，以专门生产制造丝制品而闻名。弗莱明他们家住的罗契田村距达佛镇约七公里。

在达佛镇上学的那些日子里，亚历山大和罗伯每天一大早就上路，黄昏的时候再往家奔，罗契田村和达佛镇之间的小路上，留下了他们小小的身影。有两年多的时间，小亚历山大和罗伯天天如此，这种周而复始的生活无形中给亚历山大以意志上的锻炼，他清楚地知道为了达到一个目标就必须坚持不懈，只有辛勤的劳作才能换回成功的果实。

十二岁的时候，亚历山大成了一名中学生。在达佛镇也没有可以读书的中学，就此，他告别了熟悉的罗契田村和达佛小镇，离开了牧羊遍地的村落和绿色河谷中的镇子，第一次来到了城市，克而马那克——一个拥有三万居民的新兴城市。这里的一切与他以往的生活天地如此的不同，这个生长于苏格兰乡村的十二岁男孩开始融入更为广阔的外部世界。

4. 外面的世界

弗莱明的中学，坐落在克而马那克的市郊，离市中心不算太远。来到这所喧闹紧张的学校，对这个乡村孩子来说，还真有些不习惯。老师上课的时候，弗莱明总是规规矩矩地坐在教室里，显得有些呆头笨脑；而在下课之后，弗莱明由于经常拒绝其他同学们的邀请，不去参加打球、踢球等集体玩耍，所以经常会受到同学们的冷落。

弗莱明最初上学的日子虽然不太好过，却是从家庭教育到学校教育、从封闭的乡村生活到开放的小社会的必然过程。这种磨炼，对于他日后的意志锻炼是大有好处的。

儿童的可塑性毕竟非常大，通过这段枯燥的学校生活，弗莱明逐渐去掉了一些不好的习惯，对集体生活、城市生活开始适应起来，学习成绩也有了很大的提高，在学生中也很快出类拔萃。

弗莱明所就读的这所中学在全市应该算是最好的一所中学了。来这里读书的学生，差不多都是一些有钱人家的孩子。他们不管是从服装还是个人风度，都与乡村小学的情况大不相同。比如，这里的男学生们也都非常喜欢游玩，但他们在请别人参加的时候总是彬彬有礼的，绝对不会有那些粗鲁野蛮的语言。

在这所学校里，小弗莱明的聪明才智很快就显露出来。他学会了遵守纪律，懂得对人礼貌，所以深受老师和同学们的喜爱。校长马尔对小弗莱明也特别赏识，因为小弗莱明对马尔校长的生理课领会得非常快，在每一场考试中，弗莱明的生理课成绩都是全班的第一名。马尔校长对他的这位得意门生也格外关照，经常鼓励弗莱明要不断前进，成为一个对人类社会有用的人才。

在当时资本主义经济飞快发展的英国，由于经济结构的巨大变化和社会关系的调整，当时的整个社会秩序非常混乱，社会治安状况也不能令人满意。苏格兰当时还是英国的一个落后地区，比起富饶的英格兰来，无论是在经济上还是在文化教育上，都显得落后得多。

而在苏格兰本地区，也存在严重的地区发展不平衡。社会转型过程中所造成的这种地区间差距过大的问题，肯定会导致社会的动荡。一遇到灾荒之年，那些穷困潦倒、食不果腹的山里人，就会成群结队地从山上跑到平原来，有的偷盗抢劫，有的杀人越货。这些人对于城里的那些"暴发户"特别仇恨，每到一个地方，他们都要把暴发户们当作报复的对象。而居住在这些平原地区的苏格兰人，也会把他们这些高地邻居，想成是无法无天的暴徒、野蛮人。

当时的心态，就如同是最初迁居美洲的欧洲移民，对待当地的那些印第安部落的态度一样。社会的动荡局面，也成为学校约束学生们外出的一个重要因素。平时学校不允许学生们随便出去活动。每天放学之后，弗莱明都只能待在宿舍里。好在小弗莱明是个好静并且喜欢看书的孩子。也许正是这个阶段的学习和生活经历，对他的未来产生了深远的影响。

第二章 伦敦求学

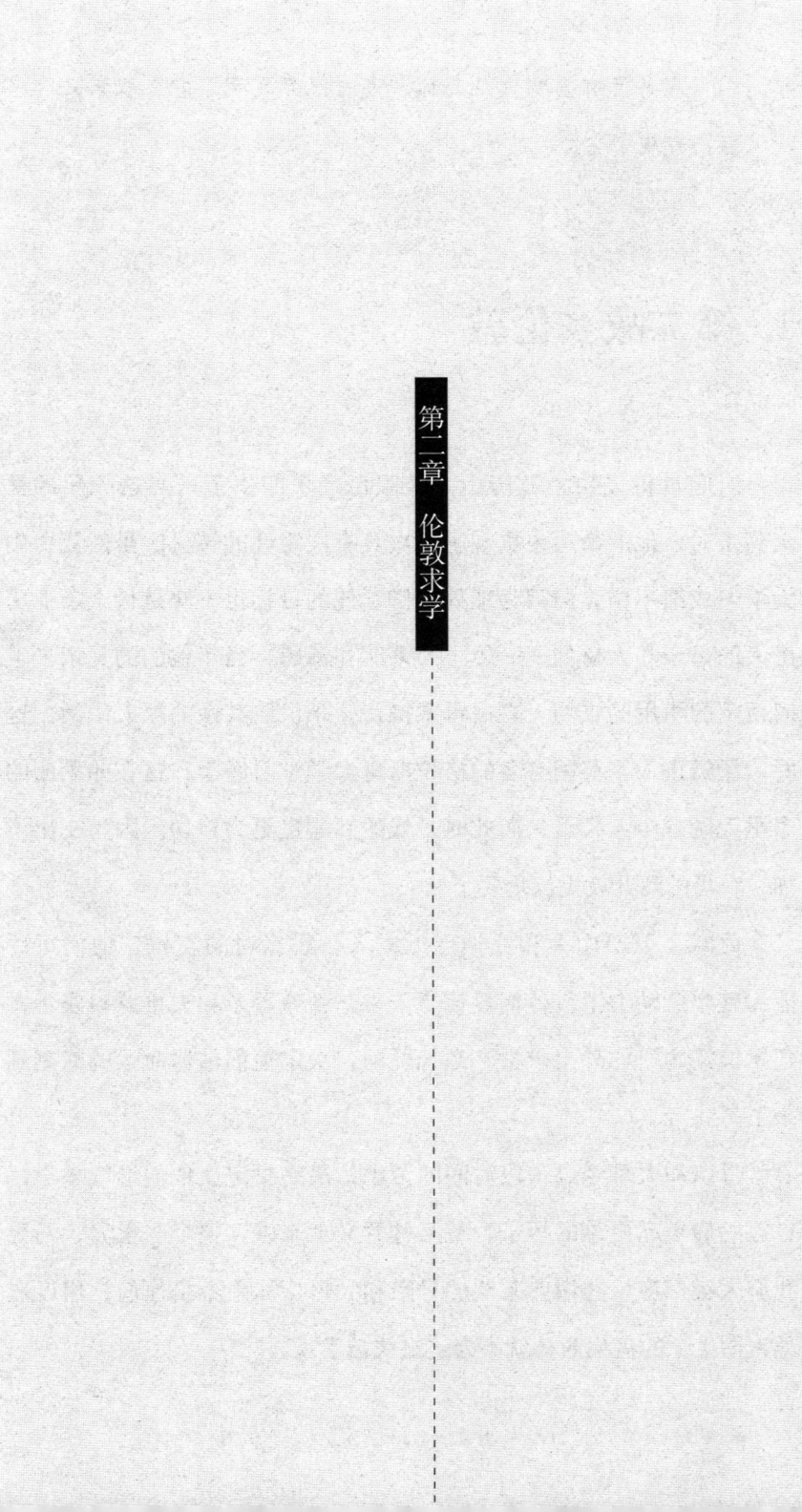

> 我并没有发明盘尼西林，是自然界发明了它，我只是碰巧发现了它。

1. 第二故乡伦敦

时间过得飞快，亚历山大转眼已经十四岁了，当这一年的夏天到来时，他的命运也出现了一次具有决定性的转机。虽然亚历山大学习成绩不错，但因为地处偏僻，他的目标也不知是什么。亚历山大的母亲和大哥们——休·弗莱明和汤姆，当年他们的父亲去世时留下的租用的农场一直由母亲操持，来供给其余的家人生活。这时，汤姆进入了英国有名的格拉斯哥大学学习医学，这在弗莱明的家里无疑是个大喜讯，而此时，钱的问题也更为迫切。因为支出增加，农场的活儿就更加重要了。

此时，亚历山大和罗伯已近成人，在当时的农村，他们可以成为整个劳动力了。他们是该留下来，帮着母亲和大哥照料农场，还是像汤姆一样外出求学？毫无疑问，决定他们前途命运的时刻到来了。

母亲和大哥经过一段时间的考虑，最终决定让他们继续求学，自己则肩负起更重的担子。从某种意义上来讲，整个医学界，乃至我们人类都应该感谢弗莱明的母亲和大哥，如果不是他们，用以拯救人们生命的盘尼西林就不会这么快被发现。

汤姆·弗莱明在格拉斯哥医学院毕业以后成了一名合格的眼科医生，在首都伦敦开始挂牌行医。他作为全家第一个闯出来的人，从没忘记辛苦抚育他的家里人。很快，他们的大姐玛丽搬来了，她也帮助料理家务。汤姆又把一个弟弟约翰找来同住，并为他在伦敦的一家镜片制造公司谋到了一个当学徒的差事。后来，汤姆建议亚历山大应该接受更好的教育，他把亚历山大从家里接来，让他在伦敦继续完成他的学业。

就这样，弗莱明离开了亚尔郡，离开了苏格兰，搬进了伦敦。伦敦是大英帝国的首都，同时也是英格兰首府的所在地，同时它也是一座著名的国际大都会。这个方圆一千五百多平方公里的国际大城市是整个欧洲最为繁荣的商业城市之一。

除了繁荣的商业活动之外，伦敦也是一个历史十分久远的城市，而且也是不同文化聚会的地方。除了具有上千年传统的英国文化外，来自欧、美、亚以及非洲的文化也在这里留下了深深的印记。不少来自于中东、南亚以及东南亚的人们也在这个大都市定居、工作，让这个城市增添了很多异地色彩。

虽然"伦敦"这个名字人们都已经耳熟能详，但究竟这个称呼所代表的到底是哪一个地区，不同的人会有不同的说法。不过，总的来说，如果大家谈到的是"大伦敦"地区，所指的就是包括三十二个伦敦地方行政区以及伦敦金融城在内的一大片地区，总面积约为一千五百多平方公里。

伦敦作为一个交通枢纽与重要城市已经有差不多两千年的历史。伦敦最早的起源在史书上并没有确切的记载。不少人认为，伦敦是罗马人建立的，不过，考古研究显示，在罗马人到这个地方之前，这个地方已经有人类耕作、生活、埋葬死者等活动的痕迹。

到公元第一世纪，罗马人在皇帝克劳迪厄斯的领导下于公元43年征服了这个后来成为英国的地方。他们首先在泰晤士河畔建造了一个聚居点。后来，罗马人更在此修筑城墙，并且在城墙包围的地区逐步建立一个颇具规模的城市。不少史学专家也认为，其实所谓的伦敦在罗马人占据的早年并非最重要的城市。

近年来的考古研究发现，不少罗马人抵达之前的交通路线都经过这个地方。而且，在现在英国议会大楼附近水比较浅的地方可能是古代人们渡过泰晤士河的地方，因此，伦敦之所以得到重视和发展，可能是因为其地理位置。这也可以解释为何在随后的多个世纪，乃至19世纪末和20世纪初，伦敦仍然是一个重要的港口，是英国的商品的主要集散地。

在罗马人建城后，伦敦这个地方陆续成为联络欧洲大陆的跳板，当时的伦敦城只有不足一平方英里大，地点就是现在的金融区伦敦城。这个城的城墙仍然有很大一部分被保存下来，我们可以在现在的伦敦塔北面等地看到。

到了公元400年左右，罗马帝国开始瓦解，罗马帝国下令召回派驻在现在的英国地区的部队，以便集中保卫罗马。由此，罗马人数世纪以来建立的文化逐渐消失，而外族也伺机进犯。英国历史上著名的盎格鲁撒克逊人的入侵就发生在这个时候。来自现在德国北部和丹麦地方的盎格鲁人、撒克逊人和朱特人一浪接一浪地到达这个地方。

到了公元600年左右，许多盎格鲁撒克逊人就已经开始在现在的伦敦定居生活。伦敦市内目前有很多看起来十分奇怪的地名就是源自盎格鲁撒克逊人迁徙进来的时候。继这些盎格鲁人、撒克逊人之后，在整个英国历史上留下深深印记的是来自法兰西帝国西北部的诺曼人。他们的领袖威廉声称因血缘关系有权继承盎格鲁撒克逊人王帝爱德华的王位而大举发动进攻。在公元1066年威廉军事行动成功，成为英格兰的君主威廉一世，号称"征服者威廉"。

虽然在这个时候，英格兰的首都是伦敦西南部的温切斯特，但是，威廉为了巩固他的地位也在伦敦东部修筑了非常坚固的伦敦塔，用来防御反抗者的不断进犯，同时也作为宣示他的权威的一种有效手段。

在诺曼人的长期统治下，伦敦终于在公元12世纪的时候，成为了英格兰的首都。学者普遍认为，在诺曼人开始统治之后，英国步入了历史上所谓的"中古时代"。这段时期的特点包括王权不断的巩固，以及基督教会的权力日益扩大。伦敦也在这个时候逐渐发展，演变成为现在的两个城合组为一个伦敦市的模式。在东面，在古伦敦城的基础上建立起伦敦城。这个地方后来慢慢发展成为现在的伦敦金融城。在西面，西敏寺城成为了王室和政府的所在地。

在这个时期，英国的许多王室开始在伦敦城里建筑王宫，而教会也修建了很多的教堂和修道院。在伦敦城，市长的权力不断强化并且也越来越稳固，城市的商业发展也非常迅速。伦敦现在许多著名建筑物的前身就是在那个时期建造的，其中就包括闻名世界的伦敦桥。

伦敦在14到17世纪之间经常受到瘟疫的侵袭。据估计，只有一半的人口能够存活。公元1666年9月2日，一场著名的伦敦大火一发不可收拾，几乎毁掉了整个城市，但是城市建设却因此有机会重新开始。伦敦在第18和19世纪实现了急速发展，随着工业革命与商业的繁荣，伦敦的人口也迅速增加。

大英帝国的发展为英国带来了巨大的商机。为了方便产品的输出，以及所需的原料和外来产品的输入，伦敦东部陆续修建了多个大型的船坞。航运业的发展十分蓬勃。到了20世纪的初期，伦敦人口已经达到了六百六十万，可以说是全世界最大的都市，伦敦现在仍然是欧洲最大的都市，人口达到了一千二百万。

在20世纪爆发的两次大规模战争让伦敦遭受了灭顶之灾，特别是在第二次世界大战期间，伦敦受到的破坏我们现在仍然可以看到。在1940年，纳粹德国空军飞机对包括伦敦在内的英国城市进行了十分密集的轰炸，造成了财产与生命方面的严重损失。

就伦敦而言，该市东部地区受破坏最为严重，部分原因是由于当地为船坞区，它是伦敦一条重要物资供应线的开端。当时许多在伦敦居住的人们被迫疏散到英国别的地方。在德国空军的狂轰滥炸下，有大约四万多名伦敦市民丧生，六万多人受重伤，受损或被摧毁的建筑物数以万计，其中就包括著名的圣保罗大教堂、伦敦金融城内的多家教堂。

虽然在大战之后这些建筑的修复工作不断进行，但是，到今日我们仍然可以看到历次战争破坏留下的痕迹。即使这样，大量崭新的建筑物也在废墟之中拔地而起。各类款式新颖的建筑夹杂在那些古旧的房屋之中，也为伦敦的城市面貌增添了一些有趣的地方。

十四岁的弗莱明可没想到，这个繁华的大都市，居然会成为他的第二故乡。1895年的伦敦受工业革命的影响最大，一个正在处于上升时期的城市，一切都还没能就位。狭窄的街道上到处是吱吱嘎嘎的马车以及喷着呛人气体的汽车，铛铛的马车铃声与滴滴的汽车喇叭声混在一处。每个路上的行人都是行色匆匆的，各行各业都被卷入了这场社会大变革之中。

当时，伦敦城最明显的就是工业污染，工厂以及小作坊里的黑灰几乎将雾气都染成了黑色，仿佛人们总也看不清事物的真面目。这与苏格兰亚尔郡高地上那清新明丽的天空、大气简直天壤之别啊。

2. 为生计奔波

弗莱明他们已在伦敦安顿下来，由于汤姆能力有限，他们就租住在一间当街的小房子里，每当街上那些冒着浓烟的蒸汽火车呼哧呼哧地经过的时候，整个房子都会被震得摇摇晃晃起来，也会跟着火车发出隆隆的声响。亚历山大在伦敦上的第一所学校是一所工艺技术学校，在伦敦的一条名叫雷那次航行实际是他内心所想的和他真正要求的一种结果。或许正是大海的辽阔，才成就了弗莱明广阔的胸怀。他是以一名水手的身份同船务公司签订了合同，登上一艘驶往布宜若斯艾利斯的挪威帆船。

那是一艘三桅帆船，或者叫三桅船，即有前桅帆和主桅横帆装置以及后桅前后帆装置的船。打那以后，弗莱明总是为他这次航行感到非常骄傲；他那艘船"查尔斯·拉辛"号，是一艘货真价实的帆船，这类航行工具在海上已经越来越少了。"一个没有在帆船上经历过航行的人，"弗莱明说，"算不得真正出过海。"

由于伟大的帆船时代也曾有了他的份儿，他感到骄傲也就是可以理解的了。当他最后终于登上了蒸汽动力船只的时候，他对那些轮船感到厌恶。在他后来的年月里，他收集了不少帆船的画作，一盏快速帆船的铜灯成了装饰品，装饰着他的书房。

去布宜诺斯艾利斯的旅程，花费了六十五天。弗莱明干的是一个水手干的日常零星工作，他擦洗甲板、攀登帆索、交接缆绳和瞭望。他像其他人一样，靠吃硬饼干和鳗鱼干过日子。弗莱明和其他海员以及在海滨垮掉的一些人交上了朋友，并且喝酒喝得很凶。他的海员朋友曾经说过："弗莱明从来就不是个叫花子，也不是个借债的人。他常到那些叫花子和海员们去的地方了解真情。"

在布宜诺斯艾利斯，弗莱明结识了一个叫做杰克的富家子弟。他们是在一次酒吧喝酒的时候认识的，杰克的家境比较富有，他也天生是一个爱冒险的家伙。他对航海有一种天生的渴望，当获知弗莱明有过航海的经历后，他迅速向弗莱明发出邀请，希望二人能完成一次跨洋远航，实现他儿时的远洋之梦，并承诺给弗莱明可观的报酬。这让年轻气盛的弗莱明兴奋不已，两个年轻人就这样开始了一次充满传奇色彩的冒险之旅。

当很多年后，弗莱明回忆起那次远航，依旧充满了年轻人的自豪与兴奋。他在回忆录中，这样回顾那次旅程：

我和杰克决定离开布宜诺斯艾利斯，于是我们便俯身在一张清楚标有英格兰全部国境线的大地图上，开始为实现这一目标进行周密的筹划。我们此行的目的地是通过地中海，直接航行到黑海。黑海海峡位于土耳其领土的亚洲部分以及欧洲部分之间，是连接欧亚大陆以及黑海与地中海的要道。

黑海海峡由博斯普鲁斯海峡、马尔马拉海以及达达尼尔海峡组成，全长三百多公里。其中博斯普鲁斯海峡长三十多公里，达达尼尔海峡长六十多公里。由于黑海海水含盐量较地中海小很多，所以，这里的海水发生十分特殊的水交换现象，即表层十到二十米的水会流向地中海，底层的水反而流向黑海。黑海海峡终年通航。由于黑海海峡在经济以及军事战略上都具有极其重要的意义，因此这里长期是大国争夺的对象。

要进入地中海，我们首先要前往法国。越过国境最近的地点是斯罗列克，这是苏格兰湾的一个海滨浴场，从布宜诺斯艾利斯坐船不到一小时便能到达。英格兰的边境线位于它的正北边，站在英格兰的海滩上通过望远镜可以清楚地看到穿着五颜六色游泳衣的金发美女。可是这条狭窄地带密布着士兵和警犬，晚上灯光照得明亮如白昼。

这时杰克把手指点在克里米亚半岛的最南端，很快地向南画了一道直线，连到土耳其海岸线的凸出部分。我量了一下距离，大约有五百多英里。于是我们就开始了"克里米亚之旅"。

杰克是一个十足的败家子，可以用挥霍无度来形容他。由于一次赌博，他几乎输掉了一半准备用来进行远洋航行的资金。为了筹集路费，我们想到了海上走私。当时的地中海和黑海战事连连，被各国的武装势力所割据，并且因为那里经常有狂风恶浪，结果，便常常成为非法进口外国货的运输线。

黑胡子的希腊人和土耳其人常常用武装轮船运载法国香水、长筒丝袜、服装首饰等货物，我写信给一位朋友，他是经常往返地中海的一艘轮船上的大副。我在信中说，如果可能的话，想为家人购置一些北方难以弄到的外国物品，也想给自己买一支自来水笔。假如能与走私者取得联系，我们明年夏天就能去克里米亚度假，并带上足够跑这一趟的钱。

令人沮丧的是，我们得到的是否定的答复。那位朋友来信说："我们已有好几年搞不到外国货了。海岸警卫队大大加紧了对海岸的管理，渔民必须在天黑以前上岸，如果他们不得不在海上停留较长时间，必须事先详细报告他们要去哪里和什么时候返回，要是渔民到时不归，他的家属就会受到严厉的惩罚。"这封信使我们打消了求助于走私贩的念头。

由于租用一条能够经受远洋航行的轮船现在已经成为难以实现的事，我们几乎死了远赴黑海这条心。可是出乎意料的是，一个新的机会降临了。

法国一家工厂开始仿照德国用于河流湖泊探险的可折叠帆布船的样子，生产一种很小的折叠船。我们管这种小船叫兽皮艇。船体是橡胶的，依靠木条框支撑成形。这种船叠拢后，只需两人就能携带，一个人把橡皮船体打成包背在背上，另一个人则扛着折叠的船框和桨。小船如同因纽特人的小兽皮艇一样，有一片整张的"盖板"，它正好把航行者的腰部围住，十分舒适。这样，在波浪翻过船面时，水也不会流进船里。

后来，我们在航行的第二天遇到了暴风雨，巨浪猛烈冲击着我们的小船，我们发现这层盖板确实非常实用。这个新生产的玩意儿十分轻巧，杰克和船加在一起还没有我重。

可是，要搞到这么条船并把它带到克里米亚，却不是件容易的事。杰克设法通过朋友弄到了一条，他们还给我们搞来一张工厂"在开阔海面条件下试验这种船的性能"的证明。这种标准的小船还配备若干附加的安全部件，在船头和船尾各系有一只充气的足球胆，这样，即使小船翻了，两只球胆仍能使船浮起。我们每人背上都有一个用肩带系牢的充气橡皮枕头，它既可以在小船坚硬的木质靠背上充当软靠垫，又可以用做救生圈。我们还带了一台手泵，一旦海水冲破小船"密封"的外壳渗入船里，就可用它把水排出。

食品供应是这次航行计划中的一项要目，我们算了一下，在海上得漂泊五六天。法国当时食物非常短缺，我们自然不可能搞到什么特殊的高热量压缩食品。由于离我们去克里米亚还有几个月的时间，我们便开始囤积鸡蛋。市场上有时有印着"出口"字样的鸡蛋出售，这是打上外销印记但又给退回的鸡蛋。我们把蛋煮熟，贮藏起来备旅行之用。我们还搞到几大块烹调用的硬巧克力和两瓶白兰地，后来我们在海里又湿又冷时，这酒简直就像雪中送炭一样。

与航海有关的难题都简简单单地解决了，接下来就得动身南行。我带上一只袖珍指南针,在夜里应该使北极星始终保持在船尾上方。我还计算出,当我们行驶到距土耳其海岸一半路程时,克里米亚沿岸最高的艾彼特里山应该正好消失在北方的地平线上,然后,在南方很快就会出现小亚细亚的山脉。

我同杰克还发生了一次小小的争执,他坚持要带牙膏和牙刷,不过,我现在已记不起我们后来到底带了没有。所有这一切听起来似乎很孩子气,而我们在这件事中也确实自始至终都表现得很不负责任。

可事实却是,在我们那次穿越地中海航行的第二天要是没遇上暴风雨的话,我们可能真会到达土耳其海岸,侥幸地创一个世界纪录。对了,说起我所带的证件,我只带了我那张旧的摩托车驾驶执照。我们的计划是,到达土耳其海岸后我得设法表白我们是英国人,并请求把我们送到伊斯坦布尔的英国大使馆。

接下来要落实的是在克里米亚起程的时间和地点问题,这次杰克的朋友又帮了大忙。在那个时代的法国,人们在海滨浴场或其他风景区的旅馆或汽车旅馆里租不到房间,他们只供接待旅行团。不过一些大的企业和团体在海滨、山间及其他地方拥有许多度假基地。

杰克的朋友是一位工程师,他所在的欧洲工程师协会在此有一个度假基地,经常用来举办一些学术研讨会。这个度假基地的前身应该是某个阔人的别墅,坐落在海滩边上,里面有男女宿舍、一个大饭厅和几个网球场。科学工作者如果走运的话,可以获得去基地度假三十天的疗养证,往返交通和食宿都不必自己操心。由于这个度假基地正在举办一次学术研讨会，杰克没能找到床位，只得在他朋友的帮助下，在附近乡村里农民家租了一间房间。

这里的土著居民信奉穆斯林，当地的村庄风景如画，古老的清真寺和富有地方风味的小饭馆随处可见，在这些小饭店里可以吃到烤羊肉、鱼子酱和当地醇美的葡萄酒。不过我们被允许使用度假基地中除住房以外的一切设施，自然也能和他朋友在一起吃饭。

5月份，我们到达克里米亚，把小船寄放在海边一个渔民那里，以便随时取用。我们也确实频繁地用它沿着海岸航行，以试验它"在开阔海面条件下的性能"。我们发现，两人轮流持桨划船比两人一齐划来得合理，因为两人一起划时，速度并不会增加一倍。于是我们最后决定，在穿越地中海的长途旅行中，两人每半个小时一换，当一个人划船时，另一个人可以休息。

接着，我们开始选择离开的时机，当时正值满月，为了漆黑的夜晚而等上两个星期，似乎不太明智。天气好极了，大海像镜面一样平整，我们无法得到天气预报，由于当时地中海沿岸国家处于敌对状态，严禁私自出海远行，这种事得严守秘密，询问天气可能会招致别人的猜疑。

于是我们先在前一天晚上偷偷把储备的食物装到船上，早晨吃完早饭后便把船推下水，划离岸边。事先我们和度假基地的每个人都打了招呼，说我们是去锡美伊兹港，并打算在那儿过夜。这样，晚饭时不露面就不会有人大惊小怪了。开始，我们是沿着去锡美伊兹的海岸线划行的，等度假基地的海滩在视线中消失，我们立刻掉转船头，一直朝正南方向划去。

第一天称得上是顺风顺水，小船在平静的水面上轻盈地向前疾驶。到傍晚时分，海岸的轮廓在地平线上依然清晰可见。这时开始微微地刮起柔和的东风，水面开始漾起细碎的波纹。不过，叫我们心烦的并不是这些微波，而是一群海豚，它们欢快地围绕着我们的小船折腾嬉戏，大概是把它当成与它们不同的另一种海豚了吧。

太阳正在徐徐地落入地平线下。透过金光粼粼的水波观看海豚戏水，这美妙的景象真使我毕生难忘。我摄下了这优美的画面，可是照片却永远洗不出来了，因为后来照相机连同胶片都被小船里的积水完全浸透了。

太阳刚落下地平线，一轮满月立即从相反的方向升起，不一会儿，黑色的夜空中便布满了繁星，夜幕的降临使我感到欢欣，但也相当疲倦，这时我们只好第一次偏离原订计划，不过，要是考虑到后来发生的事，这就不算什么了。我们原来计划小船要通宵前进，一个人划船，另一个可以打个盹儿。可是我们两人都累了，小船像只摇篮一般在水波上摇晃着，我们在吃完一袋随身携带的新鲜草莓之后，便靠在自己的座位上睡着了。

我们在太阳升起之前醒来，发现风大了一些，波浪也不那么柔和了。月亮已经沉入地平线下，一轮红日正在冉冉上升。由于波浪来自东面，而我们是在向正南前进，因此小船的左侧受到波浪的冲击。不过，我们找到了一个防止翻船的简单窍门，在每一个波浪滚来之前，只需用桨在小船背风的一侧使劲猛划一下就成。这样，我们仍然是朝正南方向前进，只是速度要慢一些。

然而，到了那天傍晚，天气形势大大恶化。风越刮越猛，从翻滚而来的浪峰上刮起了飞溅的泡沫，迫使我们把船头掉向东面，面对着波浪。

从那时起，我得担负起全部责任，因为杰克已经感到体力不支，划不动桨了。每次浪涛扑来时，总是先把船头抛到浪尖上，浪头过去后又把它推到浪底，我只要稍不小心，没有使船保持笔直的位置，浪花就会越过"盖板"，朝我劈头盖脸浇来。杰克也并不轻松，他负责用手泵把每一次波涛卷进船里的水抽出去。划动双桨只起着让船对着风浪保持正确位置的作用，丝毫也不能使它前进。

我感到很惊讶的是，一小截系在船头的绳子迎风朝后竖起，仿佛成了桅杆。强风的力量猛烈地压着我的胸部，迫使船向后倒退，使船尾变成船头。据我后来估计，强风是在把我们朝西北方向刮去，朝着海岸的方向推回。

夜里，不知什么时候风骤然止住了，雪白的浪峰也不见了，海面重又出现一道道相隔很远的波浪。明月的亮光经海水反射，使海面看上去宛若大天主教堂里棋盘样黑白相间的大理石地板。我真厌烦这样老坐着，几乎想要走出小船，在这光洁的大理石地板上散散步。幸好我没有进行这种尝试。

除此之外，我们眼前还出现了另一种幻景，两人都看见有许多长木棍从水里冒出来，甚至商量要不要在靠近一根木棍时把它抱住不放。接下来杰克又神思恍惚地说，他的一个当船长的同学在请我们上他的船。

可是无论如何，我终于又能够控制船的运动了，这一次我朝着北极星的方向径直划去。天不亮时，我们的眼前又出现了海岸线——它是一面笔直插入水中的大岩石峭壁。显然那儿无法靠岸，不过我们认为它的左面或右面总会有一片海滩。

我把船头掉向右面划去，这是个很幸运的选择，因为我后来得知，这面峭壁向西面延伸了好几英里。不久，我们看见了一小块沙滩，在我们和海岸之间的水中冒出了两根木棍，它俩之间大约相隔五十英尺，但我们断定这又是一幕幻象，因此我还是径直朝它们中间划去，结果缠进了这两根木棍支撑的渔网里面，只得再往回退。

不过，船头最后还是触到了沙地，我们爬出小船，把它拖离水面，支持不住，瘫倒在沙地里睡着了。我又喝了一些白兰地，便再也没有站起来。

我们醒来时，已经日上三竿。几个渔民正站在那儿迷惑不解地瞧着我们。我挣扎着站了起来，可是立刻又栽倒在沙滩上，简直无法使自己保持平衡。我们向渔民解释说，我们是被夜里的大风刮离海岸的。

于是他们先把我们带回村庄，然后送我们去附近城市巴拉克拉瓦的医院，这个城市位于我们起程去土耳其的出发点阿鲁普片西面大约七十英里。我们在医院里休养了两三天，然后乘车回到度假基地。我们随身带着小船和一切装备，只有几瓶白兰地留给了渔民，作为酬谢。我们再也没有使用过这条船，可是把它带回英格兰以后，又用它在涅瓦河上做过一次"试验"。

但那又是个刮风天，我们急急忙忙地朝最近的着陆点划去，只想赶紧离开小船。后来，杰克把小船送给了大学航海俱乐部，并向他们说，只要不是波涛汹涌，小船在开阔海面的性能是优良的。而在我们这次航行中，海面确实充满了惊涛骇浪，我在返回度假基地后发现，一艘为克里米亚南部沿岸几个休假场所服务的小汽艇，那一天就没有出航，原因是它难以驶近登陆地点。

经过几次出海的经历之后，弗莱明由于不能长期适应大海的潮湿环境，又开始他的文员生涯。在伦敦，虽然生活环境发生了如此的巨变，弗莱明还是很快适应了这里的一切，并为伦敦如此紧张、繁华的景象所着迷。他渴望进一步了解它。

因此，一有时间，兄弟几个就外出，亚历山大是他们伦敦探险行动的带头者，在荒原上，学童时代每天十几公里的跋涉，造就了他们非凡的脚力。现在，不论是风和日丽还是狂风暴雨，他们都不以为然，多半时候，他们会走很远的路出游，间或也搭公共马车，就这样，他们游遍了伦敦的远近风光。

亚历山大在伦敦工作了六个月以后，他们的小弟弟罗伯也来到伦敦，加入了他们的阵营。现在，亚历山大、约翰、罗伯，这三个当年在家乡荒原上终日嬉戏为伴形影不离的兄弟如今在首都又团聚了。随着他们的重聚，亚历山大在伦敦生活中的快乐也与日俱增。

但这时，他们的主要精力不再是玩耍，三个人在汤姆的关心下开始了寻求各自的道路：约翰在镜片公司里学徒期满，开始学习镜片制造业务，亚历山大边上学边工作，罗伯也进入了亚历山大的工艺技术学校读书。

亚历山大的学习出色，十六岁时，他已经通过了学校的所有考试。但他对自己将来干什么仍然一无所知。此时的英国在海外有大片大片的殖民地，英国在这些殖民地上搜刮到惊人的财富，所以，欧洲别的国家也纷纷效仿，其中，在英国的非洲殖民地南非，荷兰人，当时也称波尔人，开始强行移民，试图与英国分享殖民权力，英国军团则受命全力抗击。

在伦敦的年轻人也被影响到了，当时，身着戎装去参加战斗被普遍认为是爱国的高尚举动。在伦敦的苏格兰籍人组织了一支步枪自愿队，在爱国号召的激发下，弗莱明他们也参加了自愿队。他们穿上了自愿队制服，肩扛步枪，这支自愿队还被编入了短期军团，大有随时应召去海外参战的势头。

不过，他们并未被派往南非，自愿队后来也解散了。但弗莱明从中收获匪浅，他在队里结识了许多新朋友，学会了很多新技巧。在使用步枪方面，亚历山大技高一筹，他的枪法是大家公认的，可以说达到了精通的水平。他大概连自己也想不到，将来会有一天，这种技巧把他引向了发现盘尼西林——青霉素之路。

雷津街工艺技术学校毕业后的亚历山大·弗莱明暂时到美国在伦敦的一个海运部门找到了一份船务员的工作。美国的航运业也正在蒸蒸日上的时期，这家海运公司就是专门经营横渡北大西洋的大型定期货轮的业务。弗莱明就在这里工作，作为一名基层办事员，每天的事务都很多，他要动手抄写各种文书，还要记账，或是翔实记录一些货轮和乘客的基本资料。弗莱明工作很仔细，表现得也非常不错。

但是，这种办事员的工作十分单调乏味，根本不需要动脑筋，随着工作时间的加长，他越来越感觉这份工作索然无味，四年时间过去了，他对未来的憧憬似乎也就此淡化了。正当他认为前途一片黑暗时,一个突然的转机到来了。

3. 医学生涯的开始

　　1901年,弗莱明家族中一个非常富有的成员,也就是亚历山大的叔叔突然去世了。原本弗莱明一家并不对此抱有任何幻想,因为他们之间根本没有走动,关系根本算不上亲近。但使人意外的事降临到他们身上,根据这位叔叔的遗嘱,弗莱明兄弟每人都得到了一笔遗产。有了经济后盾,他们马上展开了自己的事业。

　　汤姆·弗莱明现在已成为一名医师。拿到遗产后,他置办了房屋,在伦敦哈雷街上开了一家诊所。因为他医术不错,前来就医的病人逐渐增加,各方面的条件也好了起来。

　　罗伯·弗莱明从雷津街工艺技术学校毕业后,就前往约翰所在的镜片制造公司,跟着他学习镜片制造。约翰的制造技术已经相当不错,再加上罗伯,他们就用所得的遗产开设了自己的镜片制造公司。两个人密切合作,而且都十分聪明,所以经营的规模不断扩大,不久以后,很多城市都成立了他们制造公司的连锁分公司。

　　但对亚历山大·弗莱明来说,事情似乎就不那么简单了。在兄弟们各自在事业上找到乐趣并取得成就时,他依旧干着办事员的工作。这倒不是因为工作吸引他,原因在于,他不知干什么才好,他也试想过很多职业,但同时又拿不准自己的选择。他的犹豫不决被汤姆看得清清楚楚，他很为这个弟弟担心，长期以来，他认定亚历山大会是他们中最出色的一个，但现在到了他确定将来事业目标的时候了。

汤姆时常考虑，究竟什么样的工作能适合亚历山大呢？根据自己的感受，约翰认为，从医是一份既有保障又有趣味的工作，而且亚历山大天资聪慧，做事相当胆大心细。何不建议亚历山大利用这笔钱去读医学院，将来当一名医生呢？

汤姆作为一名兄长，在亚历山大他们身上的确起到了举足轻重的作用，不论是哪个弟弟他都给予热情的帮助和明智的指点。对于医学，亚历山大一无所知，但童年的一次经历曾给过他深刻的印象。

幼年的亚历山大有一次跟着大人们去探望一位病中的亲戚，看着这位亲戚在病榻上被疾病折磨得奄奄一息，他不解地问道："为什么不能治好他的病呀？"得到的答案是，有许多病不能治好。人们悲伤的场面和病痛中的亲戚，这一切使亚历山大不能忘怀。而大人们的回答也激起他将来要寻求为人们解除病患的良方的欲望。

因此，听了哥哥汤姆的建议，他很感兴趣，同时，他这样做还因为可以借此脱离无聊的船务工作。但是，困难与机遇同在。亚历山大此时面临的难题来自两个方面：其一，他已经快二十岁了。而当时同级的医学院学生普遍只有十五六岁，比起他们来，年龄要大好几岁。其二，就是他的知识基础。从十三岁半起，他就离开了正规学校教育，况且他所受的学校教育也不怎么正规。这就是说，他没有任何足以使他进入伦敦的医学院就读的资历。这两条障碍足以使人望而却步。

然而，弗莱明坚强的意志决心要战胜这一切。苏格兰荒原生活的磨砺和初涉伦敦时所受的困苦，使他的品格愈发坚强。他要通过每一项资格考试，胜利地走进医学院的大门。他每天都在读书中度过，伦敦街头再也不能看到这个瘦瘦的人的身影。他的居室内常常是灯亮到东方晨曦微露。

为了加快学习速度，他请来了家庭教师，每天傍晚来给他上课，帮助他温习和掌握。医学院入学考试一向困难，但就是这样一个年龄偏大，受教育不多的来自苏格兰乡村的小伙子，在经过短短几个月的学习之后，1901年的7月，顺利地通过了十六个学科的入学考试。

亚历山大的成功得到了亲人们衷心的祝福，他们也更加佩服他的勤奋与聪慧。至此，亚历山大结束了他半打工半读书和做一名办事员的生活，正式开始了求学的历程。同年的10月，亚历山大·弗莱明被伦敦圣玛丽医科大学录取，成为一所历史悠久、名誉远扬的学堂的学生。

大学的生活跟他以前的日子真是有着天壤之别。整齐、干净的校园，庄严、安静的环境，还有成架的图书和众多的实验室，这一切都是那么新鲜、诱人。弗莱明前几年一直都忙碌于嘈杂的码头、港口，每天都和客户、货物、提单、文书打交道，现在，他要接触的是实验、书籍、讲座和论文以及大学里的各种工作。弗莱明很快就适应了这种转变，崭新的生活使他精力更加充沛。

医学院里学的东西很多，包括人体的结构、组织及器官，它们的功能和运作的方式。除了这些理论之外，学生们还必须动手，培养动手能力是医学院的主要功课之一。

他们动手的内容有：切开疖子、吸干脓包、缝合裂伤、包扎伤口、拔牙以及处理骨折等。这种简单的小手术型的工作现在看来非常平常，但在那个时代，这种手术的要求却很高，稍不注意就会引起不堪设想的后果，原因很简单，那个时代还没有抗生素，这种外科手术一旦被感染，伤口就会迅速发炎、化脓。这种情况下，医生面对患者无能为力。而且，这种早已为大众熟知的细菌感染问题在当时却是不为人知，即使是医学专家们，对这方面也是懵懂无知的。

弗莱明所处的时期正是近代医学中后期，在那个时期，大部分的知识还未得以研究出来，细菌学方面更是如此。微生物，即细菌，在人类生活中起着巨大的作用，有一部分细菌是有益的，有的是中性的，还有相当一部分是十分危险的。这种细菌一旦侵入人体就产生毒素，使人体功能紊乱，甚至危及生命。许多流行病都是由微生物引发并传染的，从17世纪开始，就有了有关微生物的观察记录。

当你清晨起床后，深深吸一口清新的空气，当你喝一杯可口的酸奶，当你品尝着美味的面包或馒头的时候，你就已经开始享受到了微生物给你带来的各种恩惠；当你因患感冒或其他某些疾病而躺在医院的病床上，经受病痛的折磨时，那便是有害的微生物侵蚀了你的身体；但当白衣护士给你服用抗生素类药物，使你很快恢复了健康时，你得感谢微生物给你带来的福音，因为抗生素是微生物的贡献。

然而，如果高剂量的某种抗生素注入到你的体内后，效果甚微或者甚至毫无效果，你可曾想到这也是微生物的恶作剧——病原微生物对药物产生了抗药性。这时医生只好尝试用其他药物，这些药物又有待于微生物学家和其他科学家去研究、开发。

可以说，微生物与我们人类关系的重要性，你怎么强调都不过分，微生物是一把十分锋利的双刃剑，它们在给人类带来巨大利益的同时也带来"残忍"的破坏。它给人类带来的利益不仅是享受，而且实际上涉及人类的生存。微生物在许多重要产品中有不可替代的作用，例如，面包、奶酪、啤酒、抗生素、疫苗、维生素、酶等重要产品的生产，同时也是人类生存环境中必不可少的成员，有了它们才使得地球上的物质进行循环，否则地球上的所有生命将无法繁衍下去。

然而，这把双刃剑的另一面——微生物的"残忍"性给人类带来的灾难有时甚至是毁灭性的。1347年的一场由鼠疫杆菌引起的瘟疫几乎摧毁了整个欧洲，有三分之一的人死于这场灾难。

在此后的八十年间，这种疾病一再肆虐，实际上害死大约四分之三的欧洲人口，一些历史学家认为这场灾难甚至改变了欧洲文化。在新中国成立前也曾多次流行鼠疫，死亡率极高。今天，一种新的瘟疫——艾滋病也正在全球蔓延；癌症也正威胁着人类的健康和生命；许多已被征服的传染病也有死灰复燃之势。

据1999年8月世界卫生组织的统计，目前全世界有十八亿六千万人患结核病。随着环境的污染日趋严重，一些以前从未见过的新的疾病又给人类带来了新的威胁。因此，未来的微生物学家或其他科学家任重道远。正确地使用微生物这把双刃剑，造福于人类是我们学习和应用微生物学的目的，也是每一个微生物学工作者义不容辞的责任。

弗莱明的整个后半生几乎都在同细菌打交道。以至于我们现在一提起细菌，就会想到弗莱明。就是在这个我们常人无法用肉眼看到的微小世界里，弗莱明等一大批科学家用他们的辛勤汗水和聪明智慧，将科研成果放大到整个世界，挽救了千千万万人的生命。

第三章 莱特研究室里的研究

> 只要他持之以恒并细心去加以观察，一发现有任何不寻常的迹象，就要立刻去找出它所代表的意义。

1. 完成学业

当代的医学之所以能够如此的灿烂丰富，正是由于有了像亚历山大·弗莱明这样的许许多多的科学家不懈的努力，才使近百年来的科学技术有了飞跃的发展。

亚历山大原先只是由于朦胧的念头和逃离无聊的船务工作听从汤姆的建议选择了读医学，不料，他发现在这个行业中，他真是如鱼得水。学校里开设的众多科目，在别人眼里也许又烦琐又晦涩，但亚历山大却是无一不喜欢。

医学院里学生很多，人才济济，亚历山大这个当初几乎没有资格参加入学考试的大龄学生在其中脱颖而出。他常因成绩优异或表现良好而得到奖励。

同时，他活泼的天性和多才多艺的特点也充分显露出来。课余时间，他参加了医院的许多社团活动。他非常喜欢打水球，在碧波中搏击给了他无尽的乐趣，他还是圣玛丽医学院戏剧社和辩论社的成员，这些活动使他的思维更为缜密、严谨。由于他曾在伦敦苏格兰步枪自愿队里服过役，练就了一套精湛的枪法，他也是步枪俱乐部里一名出色的会员和主力。

1904年，亚历山大入学第三年的7月份，他参加并通过了第一次医学考试。长期以来，他的学习都与外科密切相关，外科对他来说似乎很值得去研究。考试以后，他也开始有了毕业后当一名外科医师的念头。

这次考试以后，他们就离开了教室，开始了实习生活。亚历山大和同学们被安排到医院里，跟着著名的医师巡视病房，现场学习医生如何诊治患者。他们也是医生们的助手，要负责搜集各科资料，整理病人的档案、照片，以便于医生参考，给病人以正确的治疗。这里要学的东西可真一点儿不少于课堂上的功课。弗莱明每天的工作都一丝不苟，对细小的环节也不漏掉。

当时的圣玛丽医院是颇负盛名的，但在当时的医疗水准下，就连这里的医生也没几个能真正把握各种病症，对症下药。当时的医学普及速度慢得惊人。弗莱明在圣玛丽医院实习的时候，X光已经发现了九年，可是，直到数十年之后，这里才有了X光部门，也就是说医生们才详细了解人体各部位的器官。

但至于它们各自到底有什么功能，结合起来后又如何运作，他们却仍是一知半解。在为期一年的实习期结束以后，二十五岁的弗莱明通过了最后一次医学考试，成了一名合格的医师。

毕业后的弗莱明又一次面临选择，他可以像哥哥汤姆一样，自己开业当医生，行医不但可以拯救病人，而且收入相当可观，还能得到社会的尊敬。对弗莱明来说，这样做还有一个原因，他从叔父那里继承的遗产已经快用完了，赚钱谋生是一件迫在眉睫的大事，选择这条路在大部分人看来似乎是理所应当的了。

弗莱明自己的打算则出人意料，他一心想继续留在圣玛丽医学院里，为的是更加深入地学习，去探索一些不为人了解的医学奥秘。这种愿望是如此强烈，以至于在当时那种条件下都不能动摇。面对现实，弗莱明的确有些进退两难。不过，说起来颇具传奇色彩的是，弗莱明的精湛步枪技术为他提供了一个极好的机会，从而引导他走上了发现盘尼西林的道路。

此时，弗莱明在圣玛丽医学院中有一位朋友，名叫约翰·弗尔曼。他们同是圣玛丽步枪俱乐部的会员。弗尔曼对俱乐部的活动十分热心，虽然他自己的枪技并不算好，但他的积极性却是最高的。作为弗莱明的朋友和队友，他深知并十分佩服弗莱明的枪法。这支步枪队报名参加了当年的一项国际步枪大赛，圣玛丽枪队很有希望在此项赛事中夺冠。

弗莱明在队中具有举足轻重的地位，是全队的核心人物。但面临经济困难，弗莱明似乎不能继续留在圣玛丽医院了。这意味着他不能代表枪队参赛。弗莱明的去留成了关键。约翰·弗尔曼决意让弗莱明留下来。为了解决他的困难，弗尔曼特意为他在圣玛丽医学院里安排了一个工作。

这样一来，他既可以有收入保障又可以继续学业。还有一点是弗尔曼和弗莱明都不会想到的，正是因为这个工作，弗莱明才放弃外科，走上了微生物研究的道路。

2. 进入莱特研究室

弗莱明进入莱特研究室的时候，莱特刚刚四十五岁，研究工作如日中天。他引进英国的许多崭新的理论使人耳目一新。

莱特拥有一大批深具影响的朋友，甚至还包括许多英国政府内的官员。莱特研究室的主要研究方向就是细菌学与免疫学，也是当时国际上最先开始疫苗研究的机构。最初一名叫巴斯德的医学家指出了疫苗的作用，他认为人体有其天然的防御系统，只要能注入疫苗就可以将其启动来抵抗细菌的侵害。他还证明了疫苗可以减轻一些病症。

这种相当先进的理论是医学上的一大贡献，利用牛痘的疫苗接种来防御天花是早已被采用一百多年的做法了。在德国，病理理论在科学家柯霍的努力探索之下也有了长足的进步。柯霍首次准确地证实了疾病的原因是由特定的微生物感染所导致的。这一确凿的理论为科学研究提供了坚实的依据，在欧洲大陆上所有的实验室里，科学家无不竭尽全力地寻找新方法来深入研究微生物。

这个时期，理论研究已经超出了临床，直到20世纪初期，对细菌感染引发疾病的临床治疗还是没有得到改善，仍有无数人成为病菌的牺牲品。往往是一旦流行病发作，医生们也只能摇头叹息，束手无策，到处是惨不忍睹的场面。医学家们需要迫切解决的是，人体对抗疾病的机制是怎样的，各式各样的微生物是如何侵入人体，又是怎样危害人体的。细菌是这个时期研究的重点。白喉的成功治疗，为这一战线注入了新的希望。

当时的欧洲，白喉异常肆虐，每年都会夺走数以千计儿童的生命。白喉病来势凶猛，而且极易传染。一名叫艾密利·鲁的大夫是最早接受巴斯德先进观点的人，他潜心研究白喉多年，观察分析了无数病例后发现，白喉患者中的幸免者在康复后就不会再染上这种病。

这一现象引发了艾密利的思索，是不是人体生成了某种免疫的成分帮助身体抵抗住了病菌的入侵？可不可以把这种抗体提取出来移植到患者身上来治疗白喉呢？艾密利动手提取白喉毒素，将其注射到马匹体内。受感染的马匹体内产生了免疫体。

之后，他又将产生免疫后的马匹的血清提取出来，将其注射到感染了白喉的儿童身上。这一试验取得了巨大的成功，接受注射的患儿很快康复了。这是最早发现的抗生素之一。

有了这种抗生素以后，人类社会就免于白喉的威胁，成千上万的孩子得以茁壮成长。更重要的是，这一发现为抗生素的研究开辟了一条充满希望的道路，是人类与细菌大战中一场鼓舞人心的胜利。这之后，利用这种方法制造疫苗及利用抗生素进行治疗的一系列办法也得以陆续发现。

与欧洲大陆微生物领域如火如荼的研究相比，英国就显得冷清很多了。但其中也不乏突出的领先人物，罗斯·莱特就是杰出代表。早在18世纪80年代，年轻的莱特就已投身于医学事业。他早年就读于欧洲大陆的医学院，学习一些先进的医学知识技能。细菌生存的微生物世界很难接触到，尤其是在研究工具落后的时代，这个局限性显得太大了。

这个时候，科学的相辅相成性发挥了作用，制造领域内科技的进步打破了这个局限，更加高倍的显微镜制造出来了，人们可以看到细菌世界的活动。同时，长期未能解决的复杂的细菌标本染色问题，也被攻克了。

染色后的细菌变得易于辨认，科学家可以轻而易举地观察研究它们的特性，追踪它们的动向。莱特所学的这些先进技术在他返回英国后，发现英国传统军医的一个重要工作内容就是处理外伤和由其引起的发炎、感染，还有传染病。

士兵在训练、作战中时常受伤，当时不但卫生条件极差，而且缺少有效的抗菌药物，致使细菌在温床似的环境中迅速繁殖，造成一些致命的疾病蔓延。莱特对这种现象极为关注，事实上，他所研究的课题正是如何借助向人体注射毒性已减弱的细菌来刺激体内的抗生体产生防御同一种细菌的能力。

这种超前的观念在当时的英国还未被广泛接受。莱特作为传播先进观念的先驱，深信正确的疫苗接种不仅能预防细菌疾病，而且绝对能治疗这些疾病。1902年，奥姆罗斯·莱特成了圣玛丽大学病理及细菌学教授。为了能更好地研究，他主持组织了一个研究所，专门从事细菌、疫苗和抗生素的研究。

弗尔曼为弗莱明找的工作恰恰就是参加莱特的研究所。当时，莱特正缺一名助手。弗莱明是莱特的学生，他不但成绩优秀，而且十分勤恳，所以一经推荐，就被接受了。

1906年的夏天，他就正式进入了莱特的研究室。奥姆罗斯·莱特有着令人称赞的个性。他坚持自立独立，思想上非常先进，对自己坚信的信念，他会不畏艰险而为之奋战。正是由于他的这些品质和医学上的造诣，他的名气颇为响亮，圣玛丽医院的学生们也很敬重他，后来，莱特成了圣玛丽医学院的院长，对学院优良学风的养成也起了重要的作用。

3. 崭露头角

在莱特的研究室聚集着很多年轻的医学硕士、博士。弗莱明当时二十五岁，他一进入研究室，就被这个群体的工作热情所感染，更为深奥的微生物领域的研究工作所吸引，他立刻就全神贯注地投入其中了。可以说，从二十五岁起，弗莱明就以他坚毅的信念、谨慎的态度和锲而不舍的精神致力于传染病的研究。

莱特研究所里集中的这八九名年轻人精力充沛，动手能力强，一旦组成研究体就迫不及待地开始工作。他们深信一次医学革命将在这里由他们领导开始。他们对工作十分负责，试验时，每一个步骤都细致有加。由于他们的工作很大程度上是创造性的，所以所需的工具也不是原有的工具能满足的，就像他们所需的理论指导一样，他们要自己动手动脑。困难可想而知。

大量的工作和千万次单调的重复消磨不掉他们的热情,他们更以加倍的工作来解决问题。每当遇到重要的测量程序,需要连续观察、记录、测算时,莱特和助手们就彻夜不眠,在实验室里一干就是一个通宵,直到东方旭日升起,他们工作间的灯火才能熄灭。

在英国,每天下午是人们习惯的午茶时间,这段时间就像是工作和课间休息,人们喝茶放松或漫步。而在莱特实验室,这些时间也被充分地加以利用了。

一到下午这时,大伙儿就放下手中的工作,平时寂静的工作室中响起了他们激烈的讨论之声。这是大家共同思考,一起解决问题的时候,人们把各自工作中的疑难问题提出来,经过共同的探讨,通常能够达成一个圆满的结果。

直到每天的午夜时分,他们一天的工作才算告一段落,但此时,他们还得再聚会一次,总结讨论一天的研究成果,系统地加以概括分析。实验室的生活就是如此,这里朝气蓬勃。他们共同的信念就是,揭开医学神秘的面纱,造福全人类。

弗莱明对这样的工作很能适应,他愉快地接受每一项指定的工作,一丝不苟地完成,刚刚进入实验室的弗莱明和同事们比起来稍显沉默,但他随和的个性和丰富深厚的医学知识很快被同事们认可。他思想灵活,不拘泥于定式,不但是指派的工作他能出色完成,而且,对于一些大家想不到的工作,他也能主动地承担,并很好地解决。

他吸收莱特的一些新观念,在工作中经常解决一些理论上或操作中的实际而复杂的难题。例如,在如何测量和处理微量物质方面，现有的装备无法适用，实验也就因此而停顿。这种时候，弗莱明就静静地听取莱特的新观点，然后悄悄地离开实验室，也许几个小时不见他的踪迹。之后，他会忽然回来，阐述他考虑出的解决方法，或者带回他制成的巧妙的实验工具。很快，凡是认识他的人无不赞赏他活跃的思维和灵巧熟练的手指。

研究一切从零开始。没有任何原始数据。微生物研究作为一门科学——微生物学，比动物学、植物学要晚得多，至今不过一百多年的历史。

因为微生物太小，需借助显微镜才能看清它们，因此微生物学一般定义为研究肉眼难以看清的称为微生物的生命活动的科学。这些微小生物包括：无细胞结构不能独立生活的病毒、亚病毒；具原核细胞结构的真细菌、古生菌以及具真核细胞结构的真菌、单细胞藻类、原生动物等。

但其中也有少数成员是肉眼可见的。对所有细菌，他们都要分别试验。可存活于人体的细菌有不同的种类。有无害的、中性的，还有危害性的，这些细菌混生在一起。在确定某一种细菌是引发某疾病的病原体之后，他们所要做的就是将病菌分离出来，加以研究。

他们从患者的血液、尿液和唾液中取样，将样品涂抹在适于细菌生长的培养基上，为病菌生长繁殖创造有利环境。将培养基放入培养皿中，细菌以成倍的速度繁殖。当达到一定数量时，就将其杀死，细菌体制成溶液，含有这种细菌的溶液就是抵抗这种疾病的疫苗。但这种疫苗和能够用于临床的医用疫苗绝不相同。

每一种新菌的实验期都要经过多种测试，有的要几十年的时间才能证明使用起来是安全可靠的。他们开始注射用的疫苗也是如此。提到疫苗，我们应用最早的莫过于"种牛痘"。

18世纪的时候，欧洲天花流行非常严重，死亡人数非常多，即便是没有死亡的人也陷入极度恐慌之中。据统计，18世纪中叶，在感染天花却没有造成天花流行的地区，天花的发病率还是非常低的；而从未感染天花的人群，发病率极高。所以有人甚至愿意感染一次轻型的天花，以免日后在天花大流行时染上重病。

在中国至迟16世纪时就开始了种人痘的办法，这种方法后来传到阿拉伯，又传到了土耳其，后来英国驻土耳其大使的夫人玛丽，把在君士坦丁堡学到的种人痘的方法用到了她的孩子身上，于是这种方法传到英国和欧洲大陆，甚至越过大西洋传入美洲。

18世纪的后半期，这种方法已经被普遍应用。当时社会上还出现了专门为人种痘的职业，从事这种职业的人并不要求必须具有行医资格。在这种情况下，人类预防医学史上出现了一位不可忘记的人物——贞纳。贞纳出生在英国的格罗斯特州，是英国著名医生韩特的学生。

贞纳发明种牛痘的方法，一来受到中国种人痘的启发，二来他听说挤牛奶的女工，一旦出过牛痘，再遇到天花流行也不会被传染上。他慌忙写信给老师韩特，提出能否从中得到预防天花的办法，很快他收到老师的回信，鼓励他去实践。这样贞纳致力于种牛痘的观察和实验。

1796年5月，贞纳从一位牛奶女工手背上的牛痘里，用针头吸取了少量脓汁，接种在一名小孩身上，两个月后，他又给这个小孩接种天花病毒，结果小孩并没有发病。经过这次实践以后，他更有信心接种牛痘了。

1798年，他发表了论文《关于牛痘的原因及其结果的研究》。在贞纳以前，也有人试图采用种牛痘的方法预防天花，但都没能做出科学的试验。虽然最初英国人是坚决反对种牛痘的，报纸上还刊出了许多污蔑接种牛痘的漫画，但实践永远是检验真理的唯一标准，后来牛痘接种法终于被世界各国所接受。

作为一名乡村医生，贞纳将几乎全部心血耗费在种痘的研究中，晚年贞纳生活在伦敦，英国议会为奖励他的成绩，拿出两万英镑继续支持他的研究。在他死后，英国伦教为他立了塑像，以使人们永远记住这位普通而又不平凡的乡村医生。

1980年，世界卫生组织正式宣布，夺走无数人生命的天花在全世界范围内彻底被消灭了，这是人类依靠自己的力量消灭的第一种恶性传染病。

早期，弗莱明和他的团队所进行疫苗的研究就是基于牛痘的发现而展开的。他们在确定每一种疫苗都含有相同数目的细菌以后，就把这一数量定为"标准剂量"。这时，在理论上来讲是可以讲通了。

下一步就是在动物身上实验。他们给动物注射疫苗，观察生物体对疫苗的反映，时刻记录它们的生理表现。再从数量和使用频率方面推算用于人体的剂量。如果此疫苗对动物是安全的，大致上就可以用于人体了。

他们把疫苗用于临床，有时就拿来在自己身上试验，为的是从更直接的角度亲身感受疫苗会产生什么结果。他们不怕生命受到威胁，为的是能找到治病的良方。他们将自己身体的点滴变化记录下来，这些由科学家们亲身体会、亲手写成的笔记，是极其珍贵的第一手资料，为其后的研究提供了依据。

他们还从实验对象身上采集血液样品，把这时的血液和注射疫苗前所收集的血样比较。通过显微镜，观察有什么变化，分析这种变化是向着积极方向发展，还是有什么不良趋势，以及受疫后的血液和正常人的血液有什么不同。这些都是相当细致的工作，科学性很强，工作中稍有疏忽就会造成严重的后果。经过大量的研究，血液中有一种独特现象引起了他们的强烈兴趣。

莱特他们发现，在血液中有一种独特的成分，这种成分在细菌侵入人体后就会发现并能逐渐接近细菌，然后包围、吞食，甚至可以消化掉细菌，从而干净利落地除掉入侵病菌。这种人体卫士就是存在于血液中白血球内的一种细胞，被称为吞噬细胞。

是什么原因促使这种细胞能如此功效非凡呢？莱特从观察血液入手。

首先，他们取来正常人血液。通过观察得知，其中的吞噬细胞之所以具有这种功能，是因为血液中存在着某种未知的物质，这种未知物质赋予了白血球吞食细菌的能力。他们将这种物质称为"调理素"。而要想知道调理素是否真正存在和如何给予细胞吞食细菌的能力还需大量的工作。就这样，莱特他们从病理研究到微生物研究，越走越深。这些微观世界中的未知问题是一个接一个的谜，不断深入的研究似乎将他们拉到医学的未知领域里去了。

弗莱明在孜孜不倦地参加研究工作的同时学业上也从未放松。他所学的各门学科成绩都非常出色，1905年因考试成绩出众而赢得了一枚金质奖章。到二十七岁时，他已具备了一名外科医师所有的条件，这时，只要他愿意，就可以成为一名外科大夫，凭他的能力，很快就会名利双收。而且外科也是他最早热衷的一行。

但是，此时的弗莱明全部注意力已经从外科转移到微生物上来了，尽管从事微生物研究很可能成果甚微，而且更谈不上名利。

他的这一变化处处表现出来，弗莱明的弟弟后来在回忆录中写道："当时，全家人都注意到了亚历山大兴趣的转移，他不再谈论有关外科手术的种种话题，反而谈起了莱特的想法。他甚至开始在家里做起实验来了。只要有谁喉咙痛、感冒或是患了轻微的传染病，亚历山大就会立刻采集他们的痰或血液标本加以观察，并且制成疫苗，注射到那个患者身上。"

这个时期，弗莱明不仅在疫苗研究和学业上取得成就，而且在医学工作别的领域里也颇有建树。在早期医学史上，有一种被称为"杨梅大疮"的疾病，是由一种梅毒病菌引发的，病情症状有些类似麻风病，病疮腐蚀人体持续时间很长，不但使人元气大伤，而且变得十分恐怖，无法见人。

在医药对其毫无作用的日子里，许多身染此症的患者被视为妖魔，没人敢与他们接触。为了防止传染扩散，他们被每天关闭起来，有的干脆被抛弃，直到悲惨地死去。更为可怕的是，这种梅毒还会通过母亲的血液传染给没有出世的胎儿，直接威胁到下一代的健康。这种病的根本难题在于无法判断病人是否染上了此症，也就不能及早动手治疗，原因是没有人能将梅毒中的螺旋形细菌分离出来。

这一项难题一直困扰了几代科学家。亚历山大·弗莱明发明出了一套非常有效的检测方法，用他的这种方法只要几滴血液就可以准确判断是否感染了这种毒素。由于他解决了关键的问题，与之相统一的治疗也有了很大进步，病人纷纷慕名而来。

之后的几年，德国的一位同样致力于微生物研究的科学家保罗·艾立克开发出了一种治疗梅毒的药物。艾立克一直致力于这方面的研究，他试图寻找一种物质能有效地杀死导致梅毒的微生物而又不会伤害到人体其他的细胞。

为了这一目标，他进行了长期不懈的努力，先后尝试过六百零五种化学药品，最后，第六百零六种药物没有让他失望，这种药达到了他预期的杀伤功能。他将这种药物称为"六零六"以纪念这几百次的尝试。后来，这种药也被称为"撒尔伐散"。它可以通过注射的方式进入人体，分散到各处去杀死潜伏的梅毒病菌。由于这项成就，艾立克的声誉也得到广泛传播。

莱特的朋友很多，艾立克也是他的结交好友之一，作为一名积极推广以及传播医学新方法的先导人物，他也将艾立克的研究成果引进到了英国。弗莱明在梅毒病菌方面所取得的成就，将他们的关系拉近了，艾立克提出和弗莱明一道，共同继续"六零六"的研究工作。

和他们一起工作的还有莱特研究室中的另一位研究人员，名叫里奥那·柯尔布鲁克。三位科学家一经结合在一起就发挥出了更大的力量。他们密切协作，互通有无，把梅毒病菌的发现和诊疗有机地结合在一起，研究成功了一套有效的方法和药物，可以安全地用于人体，从而解决了医学史上一项长期未能解决的难题，为人类去除了一种危害的疾病。

在三个人的工作中，弗莱明的成就尤其突出。从此，在治疗梅毒的领域里，弗莱明的声望扶摇直上，形成了权威性。

4. 浪漫的邂逅

如果大家把一个埋头苦干的科学家想象成为一个苦行僧或是只知道围着实验室团团转的老学究，那就大错特错了。

有过水手生涯的弗莱明是一个感情十分丰富的人，有时可以用放荡不羁来形容他。不管他的感情生活是否符合道德的规范，这些无损于他在细菌研究领域所取得的成就以及他在世人心目中的高大形象和权威地位。

随着弗莱明事业的如火如荼，在国内外声名鹊起，他也清楚地知道，假若他要在医学界实现前人无法完成的任务，他仍需要付出千辛万苦，他不能有任何空余时间让他去享受本该属于他自己的生活，寻找一个年轻人应该有的快乐。他也深知这样没有欢乐、没有享受的生活付出的代价确实是太大了。但仔细想来，他并没有损失什么，因为他深深地爱上了他的工作。为了实现目标，他还需要一个稳固的大后方，以支撑他的事业发展。

弗莱明现在已经把他的所有力量以及全部的精力都投在他的事业上了，他对生活上的低标准的要求也越来越强烈，越来越急不可耐。看着别人都一个个成双入对，他迫切地需要娶一个妻子组成一个家庭。

但他那平民的外表使他也非常理智，他不可能跟酒吧里的那些帅气的熟客们一争高下的。在此之前，弗莱明通过朋友认识了几个女朋友，但都无果而终，为此他得出了一个深刻的教训，女人决不会被他痴心的攻势所轻易俘获的。

他由于太自以为是，又非常羞怯，不愿花大量时间去展开全方位的求爱攻势。我们也很容易想到，他既抽不出时间，又没有必要的勇气，更没有机会去寻找他要找的女人，因而只能希望神能带给他运气，让他梦想的女人自己向他这里走过来。

这样的事情根据逻辑推理来说，很容易得出结论，弗莱明的情感生活注定会是一片空白。但是在弗莱明的生活中，不可能的事往往都会发生。就如同现在的人们喜欢网络聊天一样，19世纪的欧洲社会流行着书信交友的传统，也就是我们今天所说的"笔友"吧。

随着弗莱明在细菌学研究领域开始崭露头角的时候，他的影响力也在不断扩大，他也不断地收到各地女孩子们寄来的书信，其中许多信直到现在都还保留着。这些书信中有一封信把弗莱明引上了爱情的道路，从此点燃了他的爱情之花，并一发不可收拾。

这些书信使弗莱明越发感觉到女人对他的重视。如果一封信的某一句话或某一个语调引起了他的好奇心，他就会回复一封相当长的信。这类信件到来的时候，就像有一阵甜美得令人销魂的香气浸透到弗莱明那垂挂厚厚的窗帘的房间。有一天，他收到一封来自爱尔兰半岛署名"一个朋友"的信。这封信对他的后半生产生了不小的影响。

在这封信中，她向弗莱明讲述了她的身世，她的家庭境况，似乎给弗莱明讲了一个奇妙的故事，也许这是真实的情况。

这个故事发生在一所看来非常庄严的贵族宫邸之中。别墅附近没有喧嚣的城市，也没有宁静的农村，只有一大群农奴住的一排排茅草屋。眼睛所能看到的最远的地方就有一片广阔的田野和茂密的森林，所有这些都是属于富有的迈艾洛伊伯爵所有的。

那些贵族的宫殿里到处摆放着在欧洲所能买到的一切奢侈品。有名贵的油画，大量的珍贵藏书，东方的羊绒地毯，以及法兰西的家具，中国的精美瓷器。马厩里有好几辆车和好多匹马。但是大群的农奴、仆人、侍女厨师以及女教师却不能帮迈艾洛伊伯爵和他的妻子消除孤寂的苦闷。

迈艾洛伊伯爵五十岁开外，不是很胖。他跟他的邻居们不同，因为他不是一个勇敢的猎人，成性的赌徒，或粗鲁的酒鬼。他对自己的产业并不想花过多的精力去管理，他不知道怎样去处理他所继承的数百万财产。即使身为上百个农奴的主人，他不能感觉到任何的快乐。

伯爵的妻子因为得不到任何新鲜的生活而比伯爵痛苦得多。她出身于一个贵族的家庭，在当地有美人之称，大家都称她为迈艾洛伊伯爵小姐。她能讲英语、法语和德语，并对医学有特殊的爱好。

她有西欧人高雅的兴致以及趣味,不幸的是,她却离那些高雅的沙龙有千里之遥。她的邻居都是一些没有文化修养的地产业主。

房子本来就够宽阔的了,而寂寞无聊却更像是无边无际的。这所房子一年中就有大半年为雪所覆盖,好像穿上了一件从来都不曾脱的衣服,也没有任何一位客人来拜访他家。他们除了春天旅行之外,其余时间过的都是寂寞、无聊的日子。他们结婚十多年了,她给丈夫生了三个孩子,其中有一个夭折了。

迈艾洛伊伯爵比她大十多岁,并且是未老先衰,这时的她只有三十岁,身体健康而特别具有吸引力,只是稍微的肥胖了一点。可是,她不久也会衰老,她的生命也会失去光泽。除了冬天的皑皑白雪以及夏天无边无际的田野这一片单调乏味的景色之外,这所房子常年被一种无穷无尽的烦闷与苦恼所包围着。这所房子里的居民每周所盼望的唯一一件事情就是邮件的到来。

伯爵夫人订购了许多报刊,特别是保守派的《每日新闻》以及所有的文学杂志。他们的书商还按期会给她来送来许多新出版的重要的书籍。距离的遥远使每天发生的平常琐事都会变成意义重大的事。这个家庭对欧洲的文化仔细地讨论,比起那些报刊来要仔细得多,认真得多。

伯爵有一对孪生姐妹,其中的一位在当地的护士学校读书,她就是未来弗莱明的妻子莎莉的同学。在她还读小学的时候,伯爵就与杰弗森公爵订立了婚姻,同意将女儿嫁给公爵。通过婚姻的纽带,伯爵家族的势力在当地更加稳固。

伯爵的妻子艾米丽是个充满浪漫主义思想的姑娘,受到启蒙思想的影响，她追求个人的自由，崇尚知识，对外面的世界充满了好奇。她是在一份医学杂志上看到了有关莱特研究室的报道，并开始注意起一个年轻人的名字"弗莱明"。

艾米丽的这封信并没有完整地保存下来，我们现在只能揣测它的内容。另外，我们还可以见到一封也是署名"一个朋友"的信件，这封信与第一封信的风格应该是一致的。因为我们能够从每一个字词里感觉到作者是以怎样的热情去称赞弗莱明，也许这封信到弗莱明那里的时候，他的幽默性可能会更加强烈一些。

这些诚恳的崇拜、愚弄以及稚气的幽默的混合物都不能够完全地实现它的目标，因为弗莱明深感苦恼。对弗莱明而言，收到女人的来信并不奇怪，但是这些信一般都是从英格兰，最远也不过是一个外省寄来的。那时候收到一封爱尔兰崇拜者的信，他确实惊异极了，弗莱明想到他的名字漂洋过海飞到那么远的地方去了，不禁骄傲以及自豪起来。

弗莱明作为一个充满激情的年轻人，绝不会让一位公主等候他的信，然而他的隐藏真实姓名的崇拜者并没有告诉她的姓名或是地址。即使在很长一段时间以后，她还只是说"我是您的一位崇拜者，我将终身保持这个光荣的身份。您永远都不需要知道我是谁"。所以，弗莱明没有办法写信去感谢她，弗莱明也似乎没有任何办法可以见到她。

最后，弗莱明还是找到了一个十分巧妙的办法。当艾米丽翻看当日的《每日新闻》时，并在广告栏里找到了一段话，她的心里当时一定特别激动，"弗莱明先生收到了您给他的来信。一直到今天，他才能通过这张报纸告诉您这件事，弗莱明先生很抱歉不知如何把他的信寄到什么地方去。致一个女孩。"

艾米丽的内心波涛汹涌，无疑是因为她的偶像表示愿意给她写信而感到非常兴奋。不过，接着艾米丽就感到一丝羞愧，因为她会过分重视伯爵家庭的情况。事情已经由幽默可笑发展到一个十分危险的阶段了。她的伯爵丈夫是个心平气和、从不发怒的乡间绅士，他极重视名誉，他完全不知道他的妻子所玩的游戏。

其实，只要这游戏还是继续用一个女孩的假名，这游戏就会无伤大雅的。假使艾米丽现在要把这游戏变成严肃的事情，她就必须瞒过她丈夫，也不让她的女儿知道。

艾米丽非常苦恼。她有一个非常强烈的预感，她觉得自己将会干一件跟她家族的地位相违背的十分冒险的事情。然而艾米丽又抵抗不了一封崇拜者的亲笔信的极大的诱惑力。正如一般女人一样，艾米丽一时也拿不定主意，只好延期作出这不可避免的决定。

事实上，艾米丽确实马上就给弗莱明去了一封回信，但是这封信的口气却跟从前的截然不同。艾米丽不敢再袒露自己的激情并告诉他，不久她将打算进行一次可以使她接近伦敦的旅行。虽然艾米丽愿意通信，但只有在她确信这样做不会有任何差错而危及到个人的安全之下才可以这样做。

"我虽然十分希望收到您的一封回信，但是我必须非常小心谨慎，我不得不采用这么多迂回曲折的方法，以不使我这样做会冒险给我自己带来不可预想的麻烦。另外，我也想知道我寄出去的书信的命运了，我希望您能用最快的方法让我知道，您是怎样打算我们之间的一次严肃的、没有任何阻挠的通信联系。我完全相信您说的话，希望您发誓不要试图去发现我的真实姓名以及地址，因为别人要是知道我给您写信的话，一定会带来许多不可设想的麻烦"。

这次艾米丽的语调完全跟上次不同。这是艾米丽的自白，我们可以从这推理出艾米丽的性格。艾米丽是一个在冒险活动中也会保持头脑清醒的女人。即使艾米丽走错了一步棋，她也不会气馁的，而是继续昂首阔步，让理智去指挥她的行动。

艾米丽也在进行着激烈的思想斗争。一旦弗莱明在《每日新闻》里答复了她的话，艾米丽的虚荣心、好奇心以及她的冒险本能就紧密地联结在一起，去促使艾米丽跟弗莱明的关系更加亲密。但是艾米丽收到一封来自伦敦的信，这的确是一件非常稀奇的事，这封信到她手之前，一定会有人注意到。

邮差到来的时候，全家人都兴奋起来，每一个收信件的人或邮包的人都是别人猜疑的对象。因此，任何不光彩的事不可能不被她的家人知道，艾米丽必须找一个绝对适合她的计划而又不会背叛她的第三者来参加进来。

幸好她身边就有这样的一个合适人选，那就是被艾米丽称为莉勒黛的女教师。莉勒黛已经跟随她好几年了，并且出身于一个富有的中产阶级家庭。莉勒黛生活在远离自己家乡朋友的地方，没有机会见到有修养的男人，因此就非常忠实于他的雇主和他们的女儿。

艾米丽打算要让通信带有更多的个人私交成分而不让别人知道的时候，只有莉勒黛教师是最合适的中间人。没有人觉察到一封从伦敦来的寄给莉勒黛的信会是弗莱明的信，而这位忠诚的女人也不会不同意她的计划，因为她没有任何理由说明她给女主人做的事是一件不道德的事。

莉勒黛由于对艾米丽的忠诚而导致她去实行一个至少对伯爵不忠诚的计划，这种矛盾当初她并未察觉，后来莎莉跟弗莱明的关系已经超出正常关系的时候，她的良心被震动了。她的后半生由于曾经充当过一个不光彩的计划的中间人而感到深深的自责。当伯爵先生去世的时候，她这种难以自抑的罪恶感就像山洪般地暴发了。

在葬礼完毕之后，莉勒黛就宣布她坚决要离开这个家。于是莉勒黛就躲在一个修道院里去为她曾经帮助别人犯了一个重大的罪过而忏悔。

莉勒黛老师的帮忙使通信继续下来。弗莱明也知道了应该把信寄到什么地方，而艾米丽也被这精彩的游戏刺激了，她越来越急切地等着弗莱明给她的回信。两封信的接着到来，给艾米丽带来极大的惊奇与喜悦。其中的一封是既尽力去刺激又设法去迷惑艾米丽。

弗莱明严肃地写出了他的这一封信，即使他说自己"常被朋友们提醒从您那里收到的书信是十分可疑的"。他愿意自己"被自己的感觉所迷惑"，并且描述了艾米丽的信所带给他的激动的心情："您是我一生中最期待的梦中情人。"

在紧接着的一段里，弗莱明就用了甚至超过艾米丽以往夸张的口气说："假如您可以知道您给我的信对我产生的神奇效果的话，您就可以看到一个钟情于您的男子的感恩，一个儿子对母亲的纯洁的爱恋之情。一个年轻人对一个女郎的诚挚感激和尊敬，以及他对于一个持久热烈的友情的殷切希望。"

这一类的句子是由弗莱明带着他年轻时的浪漫气味，用最恶劣的作风表达出来的。这种句子就注定了弗莱明会被一个把命运寄托在遥远的爱尔兰乡村的孤单女人所迷惑。艾米丽的第一个反应就是要拿同样的真诚去回报弗莱明。不过不幸得很，艾米丽的快乐又很快被厌烦的情景所笼罩。

几乎在同时，艾米丽又收到了弗莱明的第二封信，也是给她的最后一封信，但是这两封信的笔迹却完全不一样。那么，到底哪一封信是弗莱明写的呢？这封信是不是由第二人或第三人来给她写信、拿她开心呢？弗莱明到底是跟她一样在玩一个游戏，还是真诚的呢？艾米丽坐立不安，把这两封信反复地对比，希望能得出什么结果。最后，艾米丽还是决定写信给他，请求弗莱明解释前后两封书信不同的笔迹以及自相矛盾的语气。

这一次就轮到弗莱明难堪了，在紧张的工作之中，弗莱明不可能给崇拜他的女人逐一回信答复，于是弗莱明就想出一条妙计，既让这些女人高兴而又不至于浪费自己的宝贵时间。弗莱明就把这些信交给朋友布鲁斯，由他以他的名义加以答复。

而弗莱明给艾米丽写回信的时候却忘了这一点。布鲁斯是一名作家，有很多空闲时间，他也喜欢探知这些情感的流露，于是拿弗莱明的特殊笔调去回复。他大概把艾米丽写给他的信作为一般信件处理了，就只用一般的方式，把这封信也按平常的方式处理掉了。

弗莱明知道自己犯了一个严重的错误。如果换成了别的人，不是老老实实地道出实情，就是不知所措。但是弗莱明从来就没有过不知所措，也从来有告诉艾米丽关于自己的实情。从开始通信到最后的那一刻为止，他们都保持着不诚恳的状态。

在弗莱明这样一个年轻富于想象的科学家看来，跨越"不可能"绝不是一个很大的障碍，于是弗莱明就厚着脸皮转了一个弯、巧妙地跳过了真实的情况，请求艾米丽不要怀疑这种情况的真实性："您对我的这两种不同笔迹感到疑惑不解并希望我能给您一个合理的解释。其实，一年的日子里，我会有很多不同的笔迹，这种笔迹的多样性来自于我的一种幻想的能力。"

弗莱明请求艾米丽一定要相信，他绝不是在欺骗或是戏弄她。在后来的回忆录中，弗莱明这样回忆："年轻人的轻狂让我差一点迷失了自己，或许那个时候我的荷尔蒙分泌得有点过多了，或者是枯燥的实验让我有些崩溃，希望以一种更刺激的方式来弥补生活的缺憾。"

弗莱明也提到了他的孤独生活，我们也不得不钦佩弗莱明的高明："您是我所有梦境的希望，您不知道像您这样一个美丽的人、一切美好的东西都集中在您身上的人对我这样一个孤独的人的生活有多么重要的意义。"

即使是弗莱明不知道艾米丽的姓名，没有见过她的画像，他还是在他的第三封信里对艾米丽说："我爱您，我的天使。这种怪异的事情只是由于孤独生活很自然的结果，我愿意这样就开始我们的冒险生涯，或许世上只有我一个人愿意这样。"

弗莱明这些过早的真情吐露给人的第一个印象就是过于矫揉造作的姿态，留下很坏的印象，人家不能不怀疑弗莱明在细心地给自己编造一个痴情浪漫的生活，这就大大地远离了弗莱明的真情。

从我们能够看到的艾米丽的书信风格来判断，除了疯狂的哀怨以及令人作呕的奉承以外，这些信就根本没有别的什么内容。我们也不能够从艾米丽写给她兄弟的信里找到足以表示她特殊性格的证据。弗莱明无意之中给这种无从解释的事情做了一些暗示性的标志："我不得不自己来创造出各式各样的感情。"弗莱明要给自己的生活增添一篇新的爱情故事。

其实，弗莱明的行为本身就符合那个时代的风尚，因为在这浪漫主义的时代里，发生了太多这样富于浪漫主义色彩的故事，拜伦的冒险生涯以及他跟桂西奥里伯爵夫人的结合，李斯特与德阿古伯爵夫人的私奔，德穆塞萧邦和桑德乔治的联系，阿尔飞埃里同阿尔班尼伯爵夫人的不同寻常的联系，这些故事跟他们的知名度一样，都激起了市民的极大兴趣。

弗莱明的恋爱经历中的一幕最令人心动的时刻就要出现了，他们两个纯洁的精神恋爱马上就要成为现实了。弗莱明梦中的公主马上就要揭掉面上的纱巾，露出她人间的真实身份。他们终于在闻名世界的牛津大学中心花园相逢了。接着会发生什么事情呢？

如果弗莱明的梦中的贵妇人实际上只是一个外表平凡的女人，那弗莱明的希望不就是破灭了吗？如果艾米丽想象中的科学家不是一个双眼哀怨无情脸色苍白而变成一个更像是杜尔兰的酒商，那艾米丽又有什么想法呢？他们是要彼此躲避对方的眼光，还是彼此同情呢？他们第一次互相认识的情景或是开口说的第一句话会是什么呢？

非常令人遗憾，后人并没有把这样主要的场景记载下来。民间倒有几个传说，其中的一个传说是弗莱明早已瞧见过她，并且艾米丽的容貌跟他早先预想的一样为她倾倒。另一个传说就认为艾米丽从弗莱明的肖像里立刻认出了他，并且毫不犹豫地迎上前去。第三个传说就是，艾米丽失望地看到弗莱明外表的平庸，经受不了她所遭受的这一打击。

不过，这些都是后来的编造，不足为信。我们所知道的唯一确实可靠的事实就是，他们第一次秘密的约会就商定好一个可以让他们正常会晤的机会，让艾米丽把弗莱明当作一个社会上的朋友介绍给毫不怀疑的丈夫。

不管怎样，弗莱明当天晚上就被正式介绍给伯爵一家人，而他则跟伯爵先生周旋，绝对是毫不犹豫地开展他的行动来表示他对"美丽女使"的热烈之爱情。伯爵先生是个沉默寡言、有点执拗的人，当然他也十分有教养，并且对社会上取得成就的人非常钦佩。

伯爵十分荣幸能够得到机会见到像弗莱明这样一位著名的科学家，并且被他那种幽默高雅的谈吐所吸引。他一点也不怀疑他的妻子艾米丽会接受这样一个其貌不扬的肥胖的中产阶级的狂热爱情，因而伯爵也没有理由妒忌他。伯爵非常客气地邀请弗莱明再来他家，并且他们一起出去散步。

不过，一个急躁的情人已经被这种热情的招待弄得有一种非常不方便的感觉。弗莱明已经忍受不了四天四夜都坐在叮当作响的车子里，他一直都在坐卧不安，直到他能够把他那"美丽的天使"抱在怀里，他才会适当放松一些。

艾米丽只有两三次避开家里人，单独陪了弗莱明一些时间。当然，那个女教师也参与进来隔离他们。他们只能在某个湖畔的幽静地方，在湖边肩并肩地进行暂时的倾谈。艾米丽在遥远的爱尔兰城堡里，从来没有遇到过弗莱明这样感情炽热的人。艾米丽终于还是使自己的心平静了下来，她认为弗莱明这样一个敏感的灵魂不会残酷地危害她。

于是，艾米丽就与他一起谈论爱情，甚至让弗莱明在一望无垠的麦田里偷偷地吻了她一次。这刚开始的爱情可以使一个比弗莱明更悲观的求爱者得到鼓励去希望得到即将到来的更大的胜利。

弗莱明喜不自胜地回到了伦敦。坐在极不舒适的车上，身边是一群跟他同样肥胖的旅客。这四天四夜都不能入睡的状况都没能使他的锐气受挫。这种不舒适之感比起他在横渡地中海所取得的胜利来，简直算不了什么。弗莱明的一切期望都已经成功了。

走出了感情的荒漠，弗莱明似乎更加充满了斗志，更加的自信。同他的感情生活一样，弗莱明的科研事业也取得了突飞猛进的发展。

# 第四章　战争阴霾下的研究

为了我自己和我一家的荣华富贵，而无形中去危害无数人的生命，我不忍心。

1. 战地医生

虽然弗莱明在这个时期成就突出，并且他也对前程信心坚定，但是，他的实验室研究工作却在此时被迫中断了。1914年，人类历史上第一次全球性的战争突然爆发了。第一次世界大战爆发于欧洲，但波及整个世界，当时世界上大多数国家几乎都卷入了这场战争。

这场战争主要是同盟国与协约国之间的一场战争。德意志帝国以及奥匈帝国是同盟国，英国、法国、意大利、俄罗斯以及塞尔维亚是协约国一方。

在1914年至1918年的这段时间，很多在亚洲、欧洲以及美洲的国家都加入了协约国一方。值得注意的是意大利一开始虽属于同盟国一方，但是后来英国、法国以及俄国分别与意大利签订密约，承诺给予意大利某些土地，结果意大利最终还是加入了协约国对抗同盟国。

战争的起因源自德法矛盾。普鲁士为了统一整个德国并与法国争夺欧洲大陆霸权，于是在1870年和1871年与法国爆发了普法战争。这场战争以法国大败、普鲁士大获全胜而告终。而普法之间的停战和约非常苛刻，和约规定法国需要割让阿尔萨斯以及洛林给德国，并赔款多达五十亿法郎。最终使德法两国结怨很深，这也成为第一次世界大战的原因。

1914年6月28日的上午9时，当时仅十九岁的波斯尼亚青年普林西普在萨拉热窝刺杀了鼓动吞并塞尔维亚的奥匈帝国皇储斐迪南大公夫妇。这一历史事件后来被称为萨拉热窝事件，它也被认为是第一次世界大战的导火线。普林西普的刺杀行动是热爱民族的一种伟大表现，但是萨拉热窝事件却被奥匈帝国当成了对塞尔维亚发动战争的借口。

1914年7月23日，奥国在获得德国无条件支持下向塞尔维亚发最后通牒，包括拘捕凶手和罢免反奥官员等，塞国除涉及内政项目外悉数同意。不过，奥国依然将行动升级。与此同时，德国知悉俄国的军事动员，德皇责令俄国停止备战。鉴于各国的强硬外交和对国家军事力量的自骄，战争已经无可避免了。

1914年7月28日，奥匈帝国正式向塞尔维亚宣战。7月30日，俄国马上出兵援助塞尔维亚。8月1日，德国向俄国正式宣战，接着又向法国宣战。8月4日，德国入侵保持中立的比利时，比利时对德国宣战；同日，英国考虑到比利时对自己国土安全的重要性，8月12日正式向奥匈帝国宣战。

此时，第一次世界大战真正爆发了。直到1918年11月9日，德国首都柏林亦发生了著名的"十一月革命"，德皇威廉二世不得不宣布退位，并逃往荷兰，德国社会民主党成立临时政府，宣布成立魏玛共和国。11月11日，《贡比涅森林停战协定》签订，德国投降。

历时四年零三个月的第一次世界大战以协约国的胜利告终。

一战可以说是人类历史上的一次浩劫，人们被抛入苦难的深渊，成千上万的人被征去当兵，挤满了前线的战壕。残酷的战争条件下，伤员不断出现。经常是大雨倾盆，士兵们无藏身之所，互相依靠在潮湿的地上，泥浆和血浆混在一起，卫生状况极端恶劣。

这正是给细菌的生长与繁殖提供了绝好的温床。活跃着的细菌，不停地侵害人体，而且，细菌还以孢子的形式休眠潜伏下来，有些危害性极大的细菌孢子生命力非常强，它们可以在不利的环境里存活数年，只要条件稍有变化，休眠状态立即解除，变成细菌继续危害人类。

因为外伤处理不及时或不适当而造成的破伤风就是战争中极为普遍的病。这种病症原因是细菌在伤口上迅速生长、繁殖，产生毒素，使肌肉丧失功能，痉挛不止，导致患者的死亡。破伤风菌是非常危险和顽固的，由它引发的破伤风是战争中减员的重要原因。还有一种细菌是造成坏疽的成因，它的毒素能使机体的组织大块大块地坏死，变成黄绿色或黑色。这种情况下，如果想保住患者的生命，除了截肢变成终身残废之外毫无办法。

战争中，最具毁灭性的疾病要数传染性的伤寒。在这样艰苦的条件下，卫生状况极端恶劣，伤寒以惊人的速度不断蔓延，使军队的战斗力受到非常严重的影响。在第一次世界大战期间，莱特以及他们的研究小组也不得不放弃了原有的工作方式。

离开了熟悉的圣玛丽医院，他们转到几公里外的法国医院去。随着第一次大战的爆发，他们也都先后投入了为军队服务的工作中。莱特主动将长期研究开发出来的伤寒疫苗贡献出来，提供给士兵们。他要求所有的部队人员都必须马上接种这种疫苗，以增强他们身体的免疫力，调动自然免疫系统来抵抗细菌。

据后来的统计，第一次世界大战的1914年至1918年的四年间，如果没有这种伤寒疫苗，英国军队中仅因伤寒死亡的人数就会高达十二万人以上，由于及时、成功的疫苗防御，实际死亡人数只在一千二百人左右。同时，在防破伤风和坏疽等方面，他们也做出了极大的贡献。

为了进一步减少非战斗性减员，英国军方认识到了医疗的重要性，他们找到莱特，建议在战地医院设置一个研究小组，更直接地解决一些问题。莱特将助手们召集在一起，他们都认为虽然原来的研究被打乱，但去从事这项工作是值得的。最后组成的这一医疗研究小组包括圣玛丽医院的莱特、弗莱明、约翰·弗尔曼、里奥那·柯尔布鲁克等几位细菌研究的专家。

这个临时性的战地医院就设置在布尔隆的一所大型俱乐部内，这个俱乐部最初是提供给有钱人进行消遣娱乐的场所，华丽而精美的吊灯高悬在镂空的天花板上，原先铺过厚实地毯的地板上现在放着一排排的行军床，躺满了等候手术的伤员。

他们流着血，不断呻吟着，但由于护理人员很少，许多伤员很多天无人过问。伤口溃烂加重，充斥各处的细菌引发了各种疾病，有的已形成了坏疽，需要马上截肢，但有时候这也是办不到的，因为仅有的几名医生顾及不上如此多的病人，他们能做的就是继续使用医学界几十年来的老方法：把杀菌剂涂在伤口上，用以缓解病痛。但情况通常一点没有好转，很多伤员不久就会死去了，能够侥幸得以救治的也都会成为截肢的残废。

莱特他们的实验室设在这个临时医院的几间地下室内。地下室十分狭窄，而且污水渗漏，空气不流通，恶臭冲天。污水排不出去，同时又缺少干净用水，许多实验项目无法进行，莱特他们虽不畏艰苦，但这些情况不但阻碍研究工作而且对他们本身的健康也造成了不利的影响。医院已没有一间空闲的房屋供他们使用了，不断拥来的伤员占满了各个角落。莱特他们只好搭起了一间临时实验室，这里能勉强解决供水和排水问题。

研究的中心问题是如何对抗细菌。如同当时激战正酣的第一次世界大战一样，这场在微观世界里人与微生物的抗争也是异常激烈，每一步都是那样艰苦和紧迫。尽管弗莱明他们想尽千方百计，仍没有找到一种有效的方法来阻止细菌。他们试图寻找的是一种生物杀菌剂。

当时大批使用的杀菌剂是化学制剂，这种药是多年前由一位叫约瑟芬·里斯特的苏格兰医师发现的。当时，他发现一种石碳酸物质，把这种物质用在外科手术上，作用十分明显。它可以避免医疗器材、空气及手术后伤口的细菌。约瑟芬的这种石碳酸物质用于发炎的伤口时就不那么简单了，在其他地方功效显著的杀菌剂失灵了。此后，他用多年的时间寻找一种可以杀菌的其他化学制剂，但没有任何进展。

虽然约瑟芬的杀菌剂只对外科手术方面作用明显，但医生们直至那时都十分相信这种化学杀菌剂对伤口一样有效。他们将大量的杀菌剂用于阻止发炎，可是，那些倒在伤口上的杀菌剂根本无法阻止伤口的溃烂。更糟的是，用了杀菌剂后伤口更加恶化。问题十分紧迫和严酷，如果不能解决将造成无法挽回的损失。

事实上，这种代价是一名又一名伤员的性命。弗莱明他们作为医生更感到了不可推卸的责任。他们寝食不安，一些疑问反复出现：造成伤口发炎的细菌到底什么样？血液在发炎时会有什么变化？为什么杀菌剂会失效？更不可理解的还有，这种杀菌剂在实验室的试管里对细菌有效，可一到了真正的伤口上就功效皆无。

弗莱明他们决心从头开始探求，他们搜集了各种资料，研究杀菌剂的历史。对伤口的观测则仍从血液入手，在刚受伤或还未用杀菌剂处理过的伤口上所采集的液体和血液里，他们观测到了大批在吞食细菌的人体卫士：吞噬细胞。而在使用过杀菌剂的伤口上，展现在他们眼前的却是另一幅景象：只有极少数的吞噬细胞存活，其余的不是死了就是即将死亡。相反，那些意欲用杀菌剂消灭的病菌却非常活跃，并以成倍的速度繁殖。

事实告诉了他们，多年来他们一直相信的理论是正确的，那就是人体内的吞噬细胞是与细菌对抗，保卫人体健康的重要角色。而用在伤口表面的杀菌剂根本不能渗透到受感染的深层，杀死的反而是捍卫人体的吞噬细胞。

为了进一步考察这一现象，同时也考察杀菌剂进入深层后是否恢复其杀菌功能，弗莱明设计了一个十分新颖的实验，充分显示了他灵活的思维和大胆的探索精神——他自己动手制成了一个人工伤口。其技术和设想比先前的常规实验有了十分巧妙的改进。

他的实验首先从分析人体受伤后伤口的特点开始，弗莱明跑到伤员的病房里，病房中挤满了刚从前线撤下来的伤员和病员，里边又闷又热，充斥着汗臭、血腥和各种令人难以忍受的气味。

弗莱明小心翼翼地从伤病员中穿过，十分仔细地躲避着，恐怕一不小心碰到了哪个伤员的创伤，引起他更大的痛楚。他在室内巡视，查看了许多伤口，因为如果所受创伤太深则不易观察清楚伤口的结构到底怎样，而一些表皮上的伤也不能达到真正伤口的程度。

当弗莱明找到他所认为正合适的伤口以后，他就取出放大镜，认认真真地观看起来，同时动手在一张纸上画下大体的草图。他发现伤口内的组织暴露部分不再是平滑的，其表面变成了如同嶙峋的岩石一样，高低不平，深浅不一。而通常情况下，实验室里所用的器皿内壁都十分光滑，要制作一个形同伤口的人体小环境，依靠原有的设备是不行的。

弗莱明一连几天都在思考这个问题。他手里总是不离一支笔和一页纸，各种情形他都加以分析，最后终于想出了一个方案。因为环境的限制，他也只能用手头能得到的工具。他马上来到实验室，准备好了几个长一些的玻璃试管，一盏能烧出熔化玻璃温度的灯，和几个用于扭动试管的铁钳子。

之后，他的工作开始了。首先取实验用的玻璃试管，将其加热直至软化到可以弯曲。然后把它做成中空的长管，模仿成伤口参差不齐的形状。之后，他向这些试管内倒入包含发炎细菌的液体，再把这些液体倒出，试管壁上仍留有病菌，情形就如同伤口深层的状况一样。

这时，装入杀菌剂，现在，杀菌剂已经直接接触到深层伤口处的细菌了。如果杀菌剂有效，此时则可以起作用了。但事实相反，细菌又开始成倍地繁殖了。这次实验完全证实了弗莱明他们的怀疑：这种化学杀菌剂并不能杀灭伤口的细菌。

根据从各方面收集的理论及实验证据，他们达成了一项有力的共识，他们感到医学界传统的消炎方式要改变。首先，他们坚决禁止使用化学杀菌剂。其次，他们认为肮脏的环境是病菌传播的原因，患者只要保持衣服的清洁就可以防止新的细菌感染。对于伤口，只需用稍浓的食盐水清洗就可以起到杀菌和促使吞噬细胞继续工作的作用。

弗莱明他们虽然没有发现一种特效的药物来治疗感染，但他们的成就也十分出色，是他们纠正了医学上的一个错误，等于挽救了不知多少人的生命，这些观念领先于当时医学界数年。

但令人非常遗憾的是，在第一次世界大战的时候，这一在布尔隆艰苦条件下的可贵发现并没有改变当时大部分医生根深蒂固的信条和工作习惯，直到二十年后的第二次世界大战期间，弗莱明他们提倡的这些方法才被广泛地采用。当时的医生们认为不给伤口用药是不可想象的，而实际情况是虽然这些药物外用时能够使伤口暂时消毒，但它进入血管，很快就破坏身体细胞，造成更严重的后果。

弗莱明在一次世界大战中在不同的军队医院里工作过，经他的手救治的伤病员不计其数，他对工作十分负责，功勋突出，因而常常受到奖励，当时的军报上不时可以看到有关弗莱明医师的报道。这些报道在称赞他品行的同时，十分推崇他的医术，的确，弗莱明在战场上这几年的作为十分卓越超群。他们在如何处理外伤和避免细菌感染方面取得了相当好的成绩。

但是，这几年的经历也给他们留下了深刻的记忆，因为没有开发出有效的药物，经他们亲手治疗过的伤员有很多死去了，还有些被截肢，成为终身的残废。除了这些，在第一次世界大战即将结束的1918年，一场致命的流感造成的大批死亡也使他们深感无力救助的痛楚。

这场流感来势异常凶猛，整个欧洲被它扫荡，即使是一个身体十分健壮的年轻人，只要被流感传染，从第一天的稍感不适到次日的突然死亡，只用两天时间。对那些老幼病弱的人就更不用说了。

这次流行性感冒把欧洲抛入了绝望的深渊，对于战争，人们还可以从前线撤到后方，在相对安全的地方躲藏，而瘟疫则是无处不在，人们无处可藏，只能祈祷，那些被传染上的则只有面对死神，没有医生能拿出任何解决的办法。

被这场流感夺去生命的人数达到了两百多万，比一次大战中丧生于战火的人还要多得多。一种看似极其普通轻微的疾病竟然造成了如此严酷的后果。看到这种情形，弗莱明更加感到对付细菌的战斗一刻也不能松懈，他的目标应该是找到一种抵抗微生物的抗生素，同时，这种抗生素又不能伤及人体组织和血液。

弗莱明和他的同事们在战争中的日日夜夜里做出了极大的贡献。但是他们从不以此自居，后来，弗莱明的学生和同事霍华德·休兹博士在回忆这段生活时曾写道:"他们在一次大战中的经历虽然恐怖,然而意义深远。他们甚至到停尸间里验尸,真是坚韧不拔的一群。但他们从不在课堂上引用那段经历作为解说,也从来不提在布尔隆那段时期生活上的困苦。"

弗莱明是一位工作勤恳、探索不辍的科学家,同时,他的生活也充满情趣。

弗莱明多年来的细菌研究使他沉迷在微生物的世界里,在他眼中的细菌就像是能同他为伴的生灵,他经常和细菌做游戏,注意它们的生活习性和生长繁殖的特点,他还依据这些特点用细菌做染料画出一幅幅生动的图画,这种娱乐方式恐怕也是绝无仅有的。

他的画有房屋树木,有山峦河流,还有正在哺育婴儿的母亲等等。这些生动的画面随着"画料"的不停滋长颜色会发生变化,最后会变成红色或者黄色,看起来很像油画的效果,细菌在他手里也变得听话起来。

他还常把试验的工具拿来娱乐,有一次,他采用吹玻璃的技术将玻璃试管加热,吹出了一只猫和一只仓皇奔逃的老鼠的形象。他的这些奇思妙想也带给了同事们无尽的欢乐。

2. 硝烟中的婚礼

弗莱明在军队医院工作的时期里,他的个人生活也发生了变化，他不能以原来那种方式生活了，因为在1915年12月23日，他结婚了。

弗莱明夫人莎莉是伦敦一家私人护理站的护士，她家经营这个护理站。他们在伦敦结成了美满婚姻。当年，弗莱明三十四岁。但是因为弗莱明当时忙于战场上的工作，他开始并没有公开自己的婚事，这件事直到一次大战战火平息，那场可怕的流行感冒结束，他的工作稍稍轻松一点才公布。他的那些对此一无所知的朋友们起初怎么也不相信，直到弗莱明拿出了他和莎莉的结婚照才算了事。

其实，在战争爆发之前，弗莱明就认识了一对叫莎莉·迈艾洛伊和伊莉莎白·迈艾洛伊的孪生姐妹。她们也是从事医学工作的，因而有了交往。后来关系逐渐密切起来，弗莱明的性格颇为内向，虽然他思想活跃，情趣丰富，但总是沉默寡言。而莎莉则是一个活泼可爱、外向好动、十分爱说爱笑的姑娘，这种性格上的互补为他们以后的生活奠定了基础。

圣诞节假期，弗莱明和莎莉计划去挪威的特龙黑姆附近做两星期滑雪旅行。他们在奥斯陆与罗赛兰德博士会合，和他在一起的还有大斯托梅尔、老别克涅斯和小索尔伯格博士。他们的挪威朋友告诉弗莱明，尽管他说起丹麦话来结结巴巴，很不标准，却比莎莉说的要好懂些，这使他觉得十分有趣。

原来丹麦人曾统治过挪威很长一段时期，这期间挪威居民完全丧失了自己的语言，开始说起蹩脚的丹麦语来。在语言改变过程中，他们发丹麦字音的时候，完全像外国人的发音，生硬而缺少浊音。弗莱明也是如此，结果，他说的丹麦话听上去更像挪威话，因此对挪威人来说，要比莎莉喉音很重的话语更容易听懂。虽然丹麦和挪威两国的口语听上去很不一样，但书面文字却无甚差别。

弗莱明和莎莉比计划好的北上旅行日程提前几天到达奥斯陆，第二天早晨，罗赛兰德带他们进行热身练习，去一座能够俯瞰全城的小山霍尔门科伦滑雪。他们乘电动升降机到达山顶，然后穿上滑雪板，来到出发点。

他在阿尔卑斯山滑雪时已适应了站滑（即在滑雪板飞驰时，人站立在滑雪板上），并且习惯在林带以上的开阔雪地上滑。可是这儿的地形却很不同，滑雪道很窄，两边都有树，而且全是下坡路。他们三人中莎莉打头阵，罗赛兰德居中，他是最末一个。他只觉得滑行速度越来越快，两旁的树干迅速地从身边掠过。要是在开阔的雪地上，他早就来个横扫了，可是在这儿他有些不知所措。

事后罗赛兰德告诉他，他应该把滑雪杖放在两腿中间，然后坐在上面。而在阿尔卑斯山不必用这样的动作，他甚至连见都没有见过。他仿佛觉得自己已经接近了音速，可还没来得及喊出，便已经摔了出去。他的右膝立时肿得老高，疼痛难当。这时滑雪道上空旷沉寂，看不见一个可以救助他的人。

不知过了多长时间，才见罗赛兰德从山上下来。救援行动很简单：罗赛兰德右臂夹着他的一只滑板，弗莱明左脚穿另一只滑板，右腿跷在空中，右手搂着罗赛兰德的脖子，就这样，他们靠三条腿滑下了山。医生到他们下榻的罗赛兰德家中来诊视了他的腿，留下明确的治疗意见：住院两星期，以便排除积水，固定错位的膝盖骨，并使伤处痊愈。

为此，弗莱明和莎莉激烈争执起来，她希望他放弃去特龙黑姆的旅行，而他执意要去，最后他赢了。

第二天，他还是跷着一条腿，背着滑雪板和大家一起上了火车。第一个星期，那些腿脚灵便的人去附近观光游览，他自然只得老老实实地整天闷在屋里，房东那漂亮的女儿也在家里，因此这种强制性的禁闭生活过得很愉快，他一点都不抱怨。

第二个星期，他们计划进行一次横贯这个国家的长途滑行，从一个村庄至另一个村庄，走的是比较平坦的乡村雪道，他的膝盖已经好了一些，能够支撑身体重量了，因此决定用一条弹性绷带裹住膝盖同行。

那个星期弗莱明真是生活在奇境里。每天的大部分时间是黑夜，无数明亮的星星和五彩缤纷的极光点缀着夜空。他们也信守老别克涅斯许下的诺言，每天及时到达指定的住宿地点，享用美味可口的晚餐。他们借宿的房东一般是参加地磁研究的农民，他们正在操作研究中所用的各种地磁仪。

弗莱明回英国时，膝盖已经大大见好，可是奇怪的是，他在城市街道步行反而比在山间雪地里滑行更加疼痛。时间慢慢地治愈了他的腿，尽管后来他再也不敢冒险站在滑板上，但他还是为当初没有进奥斯陆的那家医院而庆幸。

他们成婚后不久弗莱明就因工作关系远赴法国，莎莉则仍留在伦敦，从事她的护理工作。这也是他们的婚姻一直不为人所知的原因之一。然而，这种分居两地的生活对他们的影响也不大，相反，弗莱明家族和迈艾洛伊家族之间的关系反而加深了一层。

原来，莎莉的同胞妹妹伊莉莎白也通过弗莱明认识了汤姆，并且结成夫妻，这样，他们两兄弟和两姐妹的联姻给他们的生活平添了许多乐趣。

到了1919年的1月，弗莱明从法国回到英国。战争结束了，他的名声也因为他的贡献而到处传扬。解甲后的弗莱明一回到国内，凡是认识他的亲友都劝他到苏格兰——他的故乡去行医。就凭他在战场上的经验和丰富的知识，如今还有身为护理人员的夫人，一旦挂牌行医，必定名利双收。

但弗莱明在军队里就已经从事抗生素研究的设计工作，退役的头一日，他就决定为了便于做实验研究等工作，他还要回到圣玛丽医院去。

3. 战后的研究

直到这个时候，弗莱明久违的婚姻生活才真正开始了。1921年的春天，他和莎莉在索夫克郡的巴顿米斯市买下了一幢别墅。因为它的位置靠近一个名叫杜恩的乡村，所以，更多的时候，人们都会亲切地称它为杜恩别墅。

这座别墅是一个两层的建筑，把它说成是别墅，其实就是乡间一栋独立的房舍。它有白色的墙以及红色的顶，配有高大笔直的烟囱，周围满是郁郁葱葱的树林，将房子半遮半露，风景非常迷人。

这里与他们长期以来居住的喧闹的大都市伦敦截然不同。

弗莱明从充满硝烟与血腥的战场上回到这里，能与妻子莎莉从紧张的工作中放松一下，恢复战前平静的生活。在这里，他们还能够与朋友们共度周末。弗莱明对杜恩别墅最喜欢的地方就是它附近有一个大的花园。花园中有清澈见底的潺潺溪流，以及溪水汇成的清冽的小潭。他们经常在这里游泳、划船或是钓鱼，有时则躺在绿草茵茵的岸上，沐浴着阳光，听着虫鸣鸟唱，享受大自然的美景。

杜恩别墅优雅的环境，为弗莱明开展医学研究提供了一个极好的生活条件。弗莱明的研究与工作长期处在繁华的伦敦之中，特别是在伦敦，他的工作经常会被一些来访者以及琐事打断。

许多时候，他必须工作到深夜才能够得到一些自己的时间。因此，有了杜恩别墅之后，这里就成了弗莱明最好的实验和工作的场所。每当遇到棘手的问题，需要沉思默想的时候，弗莱明就利用到乡间休息的时候来调整一下工作方式。

在这里，他可以不受打扰地在思想的天地里充分发展，思绪也不是断断续续的，而是形成一个极为条理的系统。周围环境的不同也经常能触发他一些灵感，找到很多具体问题的解决方法。

弗莱明的这种工作风格和方式得到了莎莉充分的理解与支持，作为弗莱明生活上的亲密伴侣，莎莉对他的事业非常尊重。每到弗莱明想要沉静思考的时候，她都会悄悄地走开，自己去读书或安静地坐在一旁，做一些针线活。

这种情况有时要几个小时，弗莱明总是一言不发，两个人就这样在寂静中从早晨一直到午后。莎莉的配合使弗莱明的思想集中，有时候他也觉得本来两个人是来乡下共度假期的，而自己却又不知不觉地一头扎到工作中去，这对莎莉来说也不是很公平，但她似乎毫不在意。

1924年，弗莱明的儿子罗伯出生了，莎莉的生活重心也从她的护理工作转移到家庭中，她全身心地照料丈夫和儿子。更令他们高兴的是，亚历山大的兄弟们及他们的孩子们也经常来拜访，在这幢乡间住所里，他们度过了许多快乐的周末，给他们以美好的记忆。

告别了繁乱的战争，正常的生活秩序又慢慢得以恢复，伦敦圣玛丽医学院的实验室也迎回了弗莱明，他现在是这所医学院的教师了，但他的主要工作，是从事抗生素的研究，这是他长期的目标，战争中痛苦的经历更坚定了他的这一信念。

他首先动手寻找一种无害的生物杀菌剂。微生物的种类非常多，每一种的特性不尽相同，在弗莱明的实验室里放满了大大小小的培养装置，各式各样的微生物在其中生长。弗莱明时刻注意它们的一切活动，他的记录本上写满了观察记录。对于那些具有杀灭其他细菌功能的微生物，他更是特别关注。因为他知道，这其中很可能就有他梦寐以求的抗生素。

他的工作还兼有在圣玛丽医院临床的任务，他将临床工作和实验有机地结合在一起。患者身上的液体包含有大量的病菌，弗莱明就取来将其培植在实验室的培养基上，待细菌充分生长以后取到显微镜下，将其分别染色，以仔细辨别导致某种病症的细菌的形状特征，从而确定一种病的病原体。

然后，弗莱明再测验这些细菌对各种物质的反映。他把待测的物质制成溶液，将试纸在其中浸过，然后，把这些试纸放入装有细菌的培养基上挖出的小凹槽之中。此时的培养基上是他培养的细菌。过一段时间后，等到有液体自凹槽内渗出，再观察原有的病菌是否会因此停止生长，如果细菌的数量减少、没有增加或活动不像以前那样活跃的话，就可以断定这种液体具有杀菌功能。相反，则证明待测液体是无效的。

因为弗莱明还处于研究的初级阶段，他要尝试的菌类很多。实验室里待测的细菌种类繁多，弗莱明要一一为它们编上号，严防发生意外与其他菌种混杂在一起，如果发生了这种情况，就很难分辨到底是哪种病菌引发了何种疾病。

同时，有些细菌的游离性很大，一不小心就会被它们逃离出来，沾在别的什么地方，如不加以处理就会迅速生长起来，造成混乱。实验室中用来取细菌样品的工具是一个小金属环，为的就是尽量避免沾染。在每次使用前和使用完毕后，这个金属环都要用火烧烤，进行消毒杀菌，对实验室中的工具、工作人员的衣服、工作人员的手，甚至还有空气也要绝对消毒，严防造成污染。

与弗莱明同时从事实验的有一位阿利森医生，他是个非常讲究干净利落的人。每天工作一结束，他都要将用不着的细菌培养基清除掉，之后，将盛放它的容器仔细洗涤干净，严格消毒，然后放好，以备下次使用。

他的座椅四周也总是干干净净，每天都仔细清扫。而弗莱明的工作习惯则不是如此，他的座位下边老是堆满了各种细菌的培养基，而且即使不用了也一放就是几个礼拜不动一下。他的做法不是因为懒于动手，而是出于对工作的细致。他将这些不用的培养基保留一定时期以后再取出来继续观察一下，看会发生什么新的变化。这种工作习惯为他的第一个重大发现帮了大忙。

翻开弗莱明1921年11月21日的记录本，就会发现他记录了一项发现，这是一项发现最早的生物型抗生素——溶菌霉。

据阿利森的回忆，那一天的情形是：弗莱明上班后开始动手整理前几个星期用过的几个培养基，他把每个培养基都仔细观察一下。当他拿到其中一个时，突然停了下来，拿着它仔细端详了许久，然后说了一句："这可真有意思。"就把这个培养基递给了阿利森，并在实验室里传阅了一遍，但别的同事同阿利森一样没有发现什么特别的情形，他们并不理解弗莱明的这个"真有意思"是怎么回事。

原来，几个星期以来，弗莱明一直在患感冒，不停地流鼻涕。但他并没有因此停止工作。他在实验室里一边工作，一边得不停地擤鼻涕。

说起来也真是一个奇迹，偏偏有一些鼻涕飞到了一个培养基上，这个培养基上遍布的是金黄色的细菌菌落，生长极为旺盛。但今天呈现在弗莱明眼前的却和当时的情形大不一样了。在鼻涕黏附的那部分，细菌的踪迹皆无，只在离开鼻涕的周围才开始生长，不过也比以前稀疏得多了，好像被溶解了一样。

整个现象就像是一颗炸弹在敌群里爆炸，在杀伤半径内没有敌人存活，而且越离爆炸中心近，受伤的程度越重。这一现象虽未引起别的专家的注意，却逃不过弗莱明的眼睛，他独特的目光看出了其中隐含着的某种不平凡的意义。虽然他对这种意义还不太确定，但他觉得，鼻涕中可能会含有某种能够杀灭细菌的成分。

他仿佛一下发现了实验的重心，放下手中别的工作，赶紧又擤了些鼻涕来进行实验。他将鼻涕放在不同的细菌培养基上，等待一段时间后，结果和先前观测到的一样，鼻涕周围的有害细菌不能存活。

如果说第一次是偶然碰巧的事件，那么，数次的实验证明了的是一个事实，而不是异想天开。他隐约感到这将是一个重要的时刻。他想到自己正在感冒，鼻涕内可能有某种暂时生成的抗体，那么还有一种可能是他自己体内也许有什么特别成分。

为了证明这一点，他决心试验病人的和健康人的鼻涕。此时的弗莱明让别人看来似乎有些不正常：他四处向人讨要鼻涕，然后如获至宝似的拿回实验室——试验。结果令人兴奋：不论是感冒患者还是健康人，其鼻涕都有抑制、杀死细菌的功能。

这项发现启发了弗莱明，他继而想到的是，人体的其他体液是否也有类似的功能呢？下一步，他又研究泪水。于是，弗莱明的朋友们又有了为他四处搜集泪水的新任务。

之后，他又着手于唾液、脓液及血清等各种体液，以致人们普遍认为弗莱明的行为达到了怪诞的地步。如痴如醉的弗莱明此时已完全沉浸在这一发现中了，无数的实验证明了他的怀疑是完全正确的：人体内所有的体液都有阻止细菌生长和繁殖的功效！

这一发现为弗莱明的研究开辟了一条新的途径，可以说是非同一般。因为从弗莱明投身到莱特的实验群中，他一直都是在忠实地依照莱特的理论来工作的，这一次是他打破莱特的影响，有史以来第一次单独有自己的重要发现。他急切地想搞清楚这些能够神奇地阻止细菌生长、繁殖的体液是不是属于长久以来人们还不曾了解的、跟血液中白细胞里吞噬细胞的功能相类似，人体自然免疫系统的一部分。

为了弄清这个问题，弗莱明必须先解决以下的几个困难：人体内可以溶解细菌的物质到底是哪些？这些物质确切地存在于人体的哪些部分？它们能杀死哪些细菌等。

弗莱明的实验范围不断扩大，他不单局限于存在于人体体液中的这种实验，大胆的设想把他引向人体的其他部分，从体表的皮肤到大部分的体内器官和组织，还有人体的毛发、指甲内都发现了此种物质的踪迹。更有趣的是，弗莱明还发现，这种可溶解细菌的物质在其他动物、植物，甚至花卉和蔬菜中都存在。

实验的结果有一点似乎令人失望，那就是这种物质只能溶解一部分细菌，也就是说，只能杀灭几种细菌，而且对于具有相当的危险性的细菌则会失效。弗莱明为他的这种特质起了一个名字——"溶菌霉"。溶菌霉的研究花了他数年的心血。

这期间，弗莱明和阿利森及共事的年轻细菌专家们共同发表了许多这方面的研究论文。但这种物质的研究并不是十分彻底，弗莱明他们也不能真正掌握研究的关键部分。更主要的是，这种物质对危险细菌没有防御作用，所以，这项研究的成果并没有受到什么特别的重视。弗莱明本人对这些并不后悔，相反，他把这段经历称为自己一生中"最愉快的实验时光"。

和当时绝大多数人一样，弗莱明没有认识到自己的这项发现有多么重大的意义。从医学史上来讲，"溶菌霉"的发现是很具先导性的。

在弗莱明发现这种物质以前，医学界所有的医生、专家和研究人员普遍的看法是，人体是一个十分容易受细菌传染疾病感染的个体，病菌会从各种渠道进入人体，比如，如果在饮食方面不加以注意，则很可能吃进细菌。这种情况下，如果食物中所含有的细菌是无害的，或者是一些中性的菌种，那么人体不会产生疾病，这种情况的产生，即人体不会有病变发生，是因为细菌是非致病性的。但是，实际情况则不都是这样的。

弗莱明所发现的"溶菌霉"在测试中表现出对细菌的抑制性。在它的周围，原先生长、繁殖十分活跃的细菌为什么会变得迟钝以及死亡呢？弗莱明的结论证明，"溶菌霉"是这些细菌生长、繁殖受阻的主要因素。

"溶菌霉"破坏了细菌的机能，使细菌在原来适应的生长条件下变得衰弱，虽然外界条件没有发生任何改动，受溶菌霉作用过的细菌个体内部发生紊乱，这种状态下的细菌失去了继续分裂的功能。因为原有的细菌不能分裂，所以细菌的数量就不会以加倍的速度增长，这就是为什么原有的细菌发生了变化。

同时，菌体在一定时间内死亡，所以，原来生长、繁殖得非常旺盛的细菌菌群就会稀疏。这样一来，病菌就被消灭掉了。"溶菌霉"是人体能防止一些轻微病的真正原因。

今天，我们知道弗莱明称为"溶菌霉"的物质是人体自然防卫系统中的第一道防线，是一种人体的天然杀菌剂。有了它，人体的各个部位在受到外界侵袭时就可以进行最初的防范，杀死一些入侵细菌，抵抗一些轻微的疾病。如果这道防线被细菌攻破，第二道防线才会发生作用，这就是弗莱明他们早年发现的人体血液白血球里的吞噬细胞。

当然，这些发现是多年以后被认识到的，而追溯其渊源，则应属弗莱明的功绩。

4. 盘尼西林的发现

弗莱明在医学上不懈的努力和出色的工作成绩使他在各方面都得到了良好的评价，从1918年起，他连续两次被聘为皇家医学院的教授。他的生活每天都十分忙碌。

在他工作的伦敦圣玛丽医院里，人们习惯地看到他匆忙的身影，他要在实验室里工作，到医学院去讲课，还在医院里担负临床治疗工作。在英国皇家医学院里，弗莱明担任的是外科学理实验这一学科的工作。弗莱明作为一个医学大师，在许多医学领域都很有造诣。此时的他如果不能专注于细菌的研究而转向外科方面也会有突出的成绩。

就在这一时期，微生物研究作为一门独立的学科已经形成，并进行着自身的发展。但此时，微生物研究还未与生物学的主流相汇合。当时大多数生物学家的研究兴趣是有关高等动植物细胞的结构和功能、生态学、繁殖和发育、遗传以及进化等；而微生物学家更关心的是感染疾病的因子、免疫、寻找新的化学治疗药物以及微生物代谢等。

随着生物学的发展，许多生物学难以解决的理论和技术问题十分突出，特别是遗传学上的争论问题，使得微生物这样一种简单而又具有完整生命活动的小生物成了生物学研究领域的明星，微生物学很快与生物学主流融合，并被推到了整个生命科学发展的前沿，得到了飞快的发展，在生命科学的发展中做出了非常大的贡献。而这也为弗莱明的科研生涯提供了广阔的发展空间。

在众多纷繁的工作中，他的大部分心力放在实验室内，虽然他已很有名气，但他仍然不懈地工作，从不张扬什么。实验室里繁重的生活丝毫不影响他工作的热情。由于他工作出色，很多人，不但是医学界的专家、学者，还有各界的名人贤士，连一些对医术毫无所知的百姓也纷纷来拜访参观他的实验室。

弗莱明平时沉默爱静，但对络绎不绝的来访者他表现出的是极大的耐心，随时为他们敞开方便大门。参观者们还爱不停地问这问那，提出许多疑问。弗莱明总是虚心地解答他们的问题，听取他们的见解，从来不摆出医学大家的架子，倒像是个讲解员和小学生。

弗莱明在专注于自己研究工作的同时，对那些年轻的医学人才也倾注了很多的精力。他们和此时的亚历山大·弗莱明相比起来，和他年轻时的经历一样，这些年轻人大都初出茅庐，可以说没有任何经验以及资历，他们的学识也远远赶不上弗莱明。

但弗莱明对实验室里所有的年轻科学家都十分平易。他时常来到他们工作的实验室，和这些青年人平等地展开讨论，切磋试验的方法技巧。他还鼓励年轻人打破自己的框架，不要拘泥于某种权威的理论。弗莱明是一个充满创新与探求精神的科学家，因此，他对这些年轻的科学家最为看重的一点就是看他们是否有新的进展。

1928年9月间，已近中年的弗莱明迎来了他人生中最辉煌的时刻。这个期间，弗莱明在圣玛丽医学院成为细菌学的教授，他个人的细菌研究这时候着重在一种导致多种疾病的凶手——葡萄球菌上。

这种细菌具有非常惊人的生存能力，而且繁殖速度也非常快。因为这些细菌就像一串串葡萄的形状，所以被医学界叫做葡萄球菌。葡萄球菌里的大多数能引起化脓性疾病，如常见的骨髓炎等，化脓后的病体部分特别容易感染，从而形成恶性循环。在那个对感染几乎没有对策的时代，葡萄球菌成了一种很危险的微生物杀手。

弗莱明的研究工作条件不理想，整个研究工作的场地简陋。圣玛丽医学院历史悠久，建筑也十分古老，许多都是年久失修。供弗莱明使用的实验室也设在一所旧房子里。除了嘎吱作响的地板和磨损破旧的用具，最难以对付的是充斥其间的大量的灰尘。

在微生物实验室里要求是十分严格的，要经过严格的消毒才能避免对菌体的感染。其中，最难防止的也要数空气感染了。弗莱明用来培养葡萄球菌的容器是培养皿，培养皿有盖子，几乎可以避免污染。但在实验过程中需要多次开启培养皿盖，空气中的灰尘此时会来沾染菌体也在所难免。被污染了的菌体习惯上就被放弃或扔掉不用了，因为这样一来就不能准确测定这一菌种的很多功能了。

弗莱明的做法经常是将要扔掉的培养基先堆在一边，过一段时期后，在他确信没有什么价值后才丢弃。这一天的一大早，弗莱明照常准时来到实验室，同事们打过招呼后就各自开始工作了。他望了望自己座椅下堆放的培养皿，知道又到了进行一次清理的时候了。

他正动手检测这些培养皿里的培养基时，一位往日的助手普利斯走了进来。弗莱明和普利斯曾经一起从事过许多实验，其中包括从发炎的肿疮、脓肿中以及鼻腔、喉腔内、皮肤组织中提取葡萄球菌后进行培养观测的工作。弗莱明十分热情地接待了他。

他们一边闲聊的同时，弗莱明一边处理那些培养基。后来，普利斯回忆当时的情形：他拿过一盘培养基，看了看，递给了普利斯，这是他们多年前一起工作时的习惯性动作。忽然，他又像发现了什么似的，忙把它拿了回去，仔仔细细地观察了一番，普利斯记得他惊叹了一声："这可真有意思！"

普利斯接过来瞧了瞧，但是他看到除了一个落满灰尘的培养皿以外，没有发现什么特别之处。这种东西如果在别人的手里也许就一丢了之了。这时，实验室里其他的工作人员也过来看一看有什么新发现，当弗莱明掀开盖子后，他和普利斯一样，看到里边那一片绒毛状的细菌沿着边缘生长，只是这片细菌的周围没有葡萄球菌罢了。他们十分惊奇是什么使弗莱明感到如此有意思。

在弗莱明眼里看到的却不只是这些，他发现，在培养皿中细菌繁殖得非常多，状态也好，但是在培养皿口的边缘上积有尘土的地方，生长出了蓝绿色的真菌菌落，就是普利斯他们看到的绒毛状的细菌。

但他们没有发现的是，在这些蓝绿色的真菌周围，原先遍布的葡萄球菌被溶化掉了成为如同露水一样的清澈透明的水滴。这些变化唯独引起了弗莱明的高度重视。他以优秀科学家所特有的敏锐洞察力感到这是一种不同寻常的物质。他马上着手研究起来。而人们直到十四年后才恍然大悟，弗莱明当时手中捧的就是大名鼎鼎的神奇菌种——青真菌。

当时人们已经知道，有些细菌能够阻断其他细菌的生长。弗莱明认为，这些细菌能够杀灭葡萄球菌。他的这一大胆设想着实令人兴奋，他赶快取出照相器材，把这一令人兴奋的景象拍照存证，并且，弗莱明还把这个培养菌保留下来。这就是我们今天在英国伦敦大英博物馆里见到的一件珍贵纪念品。

这种从没见过的细菌很快吸引了弗莱明所有的注意力。他马上放下手中所有的工作，专门研究起了这种新的细菌。这种物质是什么细菌呢？它是从哪里产生的呢？

工作进展非常顺利，弗莱明很快发现，进入到培养皿中的尘土引发了这种细菌的生长。那么这种使葡萄球菌致死的原因是什么？他取出一些这种细菌，把它们放入新的葡萄球菌活跃的培养皿中，结果和他的偶然发现完全相同：葡萄球菌被溶解掉了。

他从灰尘入手，把取来的泥土进行提炼和分析，果然，如同他所预见的，其中有一种真菌性物质抑制了葡萄球菌的生长。其后对葡萄球菌溶解后的水状物质的测试也表明，它已经完全不具有任何对人体有害的毒性。

弗莱明对这种新的真菌性物质产生了浓厚的兴趣。这种是由异物侵入而生成的，在室温条件下就可以发生变化，最后变质，生成绒毛状的真菌，这说明这种物质的生命力极为顽强。在飞扬的灰尘中，这种真菌的孢子可以以休眠的状态存活，只需要极为微弱的一些供给就可以延续生命的形式使这种微生物黏附于尘埃，一旦飞到一个能够生长的环境中它们会解除休眠而迅速生长起来。

更使弗莱明着迷的是，这种真菌在生长过程中不是跟其他菌类混生，而是随着自身数量的增加不断将原来的群消灭。虽然原来占据整个培养基的是生长良好的葡萄球菌，这种细菌是菌类中比较活跃的一种，不易受环境影响，更不易为其他菌种所破坏。而这么多的葡萄球菌在被少量此种菌的孢子入侵后，在短时期内就被抑制住的情况几乎是不可能的。

现在，在少量的此种真菌的周围，原来的葡萄球菌就被消灭了，可以预见，如果这种真菌的数量再大一些，那么原有的葡萄球菌就会被彻底消除掉。当时，弗莱明对溶菌霉的研究不得不停顿下来，因为溶菌霉只能对一些危险性相对小的细菌起作用，这种不知名的真菌在多方面和溶菌霉一样，而且更重要的是它具有溶解危险菌的能力。

多年以来，无论是在莱特的实验群中，还是在第一次世界大战的战场医院里，弗莱明一直在寻找一种能杀死细菌而对人体无害的物质。他曾尝试过无数种物质，但一直没有令人满意的效果。

这一菌种的发现为他的努力带来了一线曙光，他的工作中也注入了新的活力。他动手培养了这种细菌，提取后制成了细菌溶液，在不同的有害细菌中使用。和他所发现的"溶菌霉"不同的是，这种细菌能抑制危害病菌的生长。同时，弗莱明对它的副作用进行了进一步的试验。

他吸取以前使用化学杀菌剂的教训，将这种细菌用于血液中，观察它对吞噬细胞和人体组织的影响。实验同样进行得十分顺利，结果出乎意料地令人满意：这种细菌溶液使用时不仅可以抑制许多危险细菌的生长繁殖，而且不产生毒副作用，显微镜下溶入这种菌液后的血液里面，吞噬细胞依然十分活跃。

接下来，弗莱明把它用在动物身上，在生物体上使用也十分安全有效。而且，即便把这种液状的物质冲淡到八百倍，这种很淡的溶液依旧有阻止葡萄球菌的作用。

1929年2月，弗莱明正式将这种物质命名为盘尼西林(青霉素)。这医药史上的惊人成功，不但破天荒地开创了医药科学研究的新纪元，而且将人类文明向前推进了一大步。一般人都认为，青霉素的发现是一个惊人的发明，这种看法是不正确的。确切地说，青霉素在自然界里早就存在着，它以青真菌为生存外形，是青真菌所含的物质。

应该说，几乎所有的人都见过青真菌。很多东西在腐烂变质或受潮发霉后都会生长青真菌。有谁没见过长了毛的食品和物品？一个腐烂的橘子或番茄也可以长出青真菌，只是绝大部分的人对这些现象太熟悉了，根本不费任何心思去思考一下，这种可以很自然地生长在任何物体上的真菌在实验室的显微镜下以一千倍的比例被放大后，其群落排列十分整齐有序，它的孢子呈现长链状，一个接着一个地排列，而每一个孢子都可独立长成为一个青真菌的生命体。

了解青真菌的组织结构和生长特征是深入研究的基础。弗莱明每天都利用显微镜观察青真菌的活动和变化。同时，他还培养其他一些细菌，进行对比试验，来测定所含物质是不是如青真菌一样具有抗生作用。

弗莱明这种敏锐的观察能力为他最终发现青霉素奠定了基础，更重要的是，他是一位勤恳的实干家。他从不放过任何能引起自己充分注意的迹象，哪怕是一点点。

他常说的一句话别人听起来也许非常平淡："这可真有意思"，但弗莱明的不同之处就是他不仅仅出于某种事物的"有意思"而单纯地去注意它，他是用科学的目光去发现去研究，并以自己雄厚的科学知识为后盾去思索里面更深奥的内涵。

盘尼西林的自然存在和发现就非常清楚地证实了这一点。如果弗莱明不去发现它，那么全人类则不知还要再等多久。

虽然弗莱明明确了青霉素的功效非常明显，他也没放弃寻找其他类似的真菌，希望能发现具有和青霉素功效相似的物质。因此，他到处搜集各种能生长真菌的物质，自己和朋友家中发霉的乳酪、果酱，长了毛的旧衣服、长筒袜，还有变质腐烂的旧书、废报纸、杂志都在他的收集之列。

总之，只要是他认为有可能用得上的东西都逃不过他的搜索。无数次的实验表明，他在这些东西上收集到的其他真菌都没有像青真菌那样的功能，它的作用是独一无二的，别的细菌望尘莫及。

之后，他就开始了下一步的工作：培养更多的青真菌，将其制成菌液，以便能够提取出青霉素，用于临床。虽然很多物质在发霉时能长出青真菌，但其产量多少不等，技师也好坏不一。要找到一种生产大量优质青真菌的物质就要不停地尝试各种各样的东西。

由于这个工作量很大，弗莱明就请来了两位助手帮助工作，一名叫奈德利，一名叫克莱达克。三个人一齐动手，把集中来的物品逐一试验。他们先把这些东西制成发霉变质，能生真菌的培养基，于是，整个实验室成了各种发霉物质的博物院：长着绿色绒毛发了霉的面包，腐烂的西红柿，变了色的冬瓜。

他们还测量每种物质的重量、体积，以便计算出单位重量下不同物质能产生青霉素的数量，制成一个对照表，从中选出最适合的一种。这样的实验进行了很长时间，最后，他们发现，在室温下，发霉的肉汤里生长的青真菌最好。

他们将一个大口瓶子装满肉汤，在室温下让其自然腐败变质、发霉。几天过后，瓶子里的肉汤就完全霉烂了，表面长出了一层绒毛状的真菌层，这就是青真菌层。弗莱明他们对这时的肉汤进行分层测试，发现虽然青真菌的绒毛状外体生长在表层，但就杀菌能力而言，却是越往底层杀菌力越强。

肉汤表面长出真菌后，下部的液体越往下越黄，说明含有青霉素越多。这时，青霉素可以说已近在手边，只等他们想出提取的办法来。弗莱明和助手们先将瓶子中的绒毛去掉，然后倒出液体，把液体初步过滤一下，去掉大的渣滓。

之后，他们拿来自行车打气筒，用它加压，迫使初步过滤后所得的液体通过极细的过滤网。此时所剩的黄色液体中含有大量有强大杀菌功能的青真菌。可是，他们现在得到的最多也只是已澄清了的含有青真菌的液体而已。

这种菌液虽然有着潜在的杀伤力，同时也存在着很多问题，例如，就杀菌的速度来说，一般的化学杀菌剂在几分钟内就可以杀死大量微生物。但青真菌菌液所用的时间要好几个小时。

还有，青真菌在很多场合下可以发挥功能，但如果将它混入血清中，它的杀菌效果似乎就完全消失了。这一现象很是使人泄气，因为它意味着青霉素可能在伤口上不起作用，原因是伤口处总有血清渗出。其实，这些现象的产生是因为当时还没有得到真正的纯化青霉素而已。

弗莱明对青霉素的功能进行了进一步的研究后发现，它的杀菌性虽强，但也并不能杀死所有的细菌。1928年，科学家们对造成1918年欧洲灾难性流行感冒的成因达成了一个共识。

他们发现，引发和传染那场瘟疫的是一种菲佛氏杆菌的细菌。对于这种危害极大的病菌，青霉素也无能为力。这种病菌难以对付的一个原因是，它和其他一些细菌生在一起，很难分离出来。这样就难于测定它的本身特性，得到解决的方法。

作为亲身经历过那场比战争还残酷的疾病的医生，弗莱明目睹了当时的惨状，且深切感到束手无策，不能救人于水火的痛苦。他也一直在寻找治愈流感的良方。最新得到的青霉素不能直接消灭菲佛氏杆菌，弗莱明想到另外一种解决方法，他要用青霉素来辅助治疗。

他的做法是先提取流感病原体，将青霉素用在混杂的菌体中，青霉素的杀菌作用消灭掉了其他细菌，只留下单一的菲佛氏杆菌。然后再将这一细菌培养，有了单纯的菌体，就可以像培养普通疫苗一样将它制成疫苗进行人体注射，对这种流感进行有效免疫。

弗莱明这种创造性的思维把整个细菌培养和疫苗生产技术推进了一大步，并且，有了青霉素，才能使这种成就成为可能。他发明的这种选择性培养细菌技术使青霉素成为一种有效的抗生素。

弗莱明又使用这种方式来分离其他的顽固性细菌，从而解决了长期以来困扰人们的一些疾病，如婴儿最易患的百日咳。弗莱明大量使用青真菌来制成疫苗，有效地预防了很多传染病。这一成果很快就被人共知，世界各地的科学家纷纷致函，向他索取青霉素的样品，用来分离各种病菌。

青霉素发现的初期作用主要发挥在制造疫苗方面，原因是还没有找到一种可以将其纯化的途径，所以，它的功效十分缓慢，因为不能用于注射和直接使用。弗莱明和助手们曾使用各种方法进行提取实验，但是结果都遭到失败。

青霉素的巨大功效尚有待人们去付出更大的努力去开发。在青霉素还没有被制成可以方便使用的药物的时代，弗莱明在其他方面对它的使用成果也是非常令人瞩目的，有一些使用方法由他开发出来，至今还在医学界广为使用，其独到的功效是非常可观的。

使用注射类药物无疑可以在相对短期的时间内治愈疾病，而这种治疗都是发生或感染了疾病之后，是属于一种被动的治疗方式。

而使用疫苗有其长期的作用，健康人使用了疫苗，就可以从积极的角度去防止疾病入侵，而且可以保持很长时间，有的还是终身的免疫功效。所以，这两种不同的治疗可以说是从治病和防病两个角度去达到一个健康的总目的。

弗莱明十分了解青霉素的潜在能力，他在开发疫苗的同时也致力于注射和外用青霉素的研究工作。这项工作繁重复杂，虽然弗莱明的医学造诣颇深，而且他有着众所周知的动手能力，在这一项重任面前也显得势单力薄。

弗莱明知道他需要大量的人力和物力，才能有希望完成制造药用盘尼西林的工作。所以他各处寻找助手，但这个愿望没能达到，他没有找到能胜任这一工作的助手，同时，他向英国政府等方面要求援助的请求也没有回音。在这种情况下，弗莱明的研究明显缓慢下来，他只能尽最大努力不使工作停顿。

在弗莱明的青霉素发现的同时，和他同一个时代的其他许多科学家的努力也有了回报。整个医药学界的其他领域也在迅速地向前发展着。早在几年前，一名叫艾利克的医生研制成功了一种可以杀死梅毒的药物——撒尔伐散。这之后，科学家们无不致力于寻找一种可以用注射的方法作用于人体的药物。这不同于免疫，而是直接、快速地从人体外部输入，杀灭细菌。

对人体危害极大的细菌有好几种，除弗莱明研究的葡萄球菌之外，还有一种链球菌，它们连接成形，造成高烧，严重影响人体的猩红热和很多炎症。

化脓性疾病都是这类细菌引起的。和葡萄球菌一样，链球菌的生存能力很强，甚至比葡萄球菌更强。由它引起的猩红热多发于儿童，经常造成高烧，损坏神经而导致失明、失聪，重者则会死亡。人们一向都是谈之色变。弗莱明也欲用青霉素对付链球菌，但是，因为他不能提取出纯正的青霉素，青霉素的治疗作用只能停留在理论上。

到了1935年，一名叫杰哈德·道迈克的科学家宣布，他已经发现了一组新药，这种药可以口服，也可用于注射，其主要作用是杀灭链球菌。他在老鼠身上的实验十分成功，能有效地阻止病菌的生长。这组药物中最有效的一种是被称为"普浪多息"的药剂。"普浪多息"呈现红色，用于人体后也产生了良好的作用，尤其用在产妇身上，可以免除产期妇女感染产褥热。

这种药物的发明不胫而走，许多科学家受到这种发明的启发，纷纷从事类似的研究，寻找类似"普浪多息"的药物。不久，一组新药又问世了，名称为"磺胺类药"。这个药物系列中有一部分对链球菌十分有效，可以用来治疗猩红热，这是一项了不起的成就，而且后来随着研究的深入，发现它还可以用来治疗顽固的肺炎、耳部感染以及医生们向来毫无办法的危险重症脑膜炎。

拥有诸多优点的同时，磺胺类药物的缺陷也不容忽视。第一，它也不能抑制所有病菌；第二，经过磺胺类药物的有些细菌会产生抗药性，使再次用药失去功能；最糟的一点还包括，使用磺胺类药会产生强烈的副作用，轻者是皮肤出疹，重者严重呕吐，甚至用药不慎时会导致死亡。

这些问题一直没有很好的解决办法。即使在当代，磺胺类药物也是慎用的药物之一。医生们使用它们总是小心翼翼，即使用也要先进行过敏试验，用量也不大，这都要归因于它强烈的副作用。

可以说，虽然有了像磺胺药这类药物，许多病的治疗进展还是不大，但是，它的意义却不容忽视。在磺胺药被开发出来之前，整个医学界有一些问题似乎是不可能解决的。随着一次次瘟疫的大流行，死亡人数之大使许多人失去了对医药的信心，认为再也没有什么药物可以帮助人类抵御一些疾病的侵袭了。磺胺药的功效之大，使人们对医学又恢复了信心。

其时，弗莱明的青霉素已展现出更为诱人的前景，青霉素可以用来杀灭危险的葡萄球菌等病菌，而且理论上也可以治疗由链球菌引发的一些病症。只是因为还没有找到提取纯化青霉素的有效途径，所以一些病还是无药可医。而磺胺药的出现正填补了这方面的空白，尤其是对链球菌所表现出的独到功效，使人们纷纷求助于磺胺药。

因为磺胺药是一系列药物，所以不仅可以用在消灭细菌方面，且在其他方面价值也很大。如果一位患者不对磺胺药有什么强烈的反应，那么，在使用这类药物后大体而言是可以康复的。经过后来数年的探索，磺胺药的安全性也有了相对的提高。

这要归功于长期的医学研究和临床实践。针对磺胺药引起的一些副作用，例如时常出现的轻型症状呕吐，医生们可以让患者在服用磺胺药的同时使用其他的一些药品，这样就可以有效地防止呕吐的发生。

虽然磺胺药有许多缺点，但是它的药用价值是非常可观的。在医药史上，磺胺药产生了革命性的影响，它的出现使科学家在医学观上有了新的认识，人们逐渐了解并广泛接受了这样一种观念：对抗感染的做法不应该是直接将杀菌物质用在身体被感染的部分里，而应将它注射到血液中，借着血液的循环流动把抗生素传递到身体的各个部位去发挥杀菌的作用。

第五章 牛津大学的研究

一位研究者，可以有名扬四海的决心，但若是只是寻求财富与权势，就只能朝着错误的方向而去。

1. 弗洛礼教授

因为众多的药物总是有这样或那样的副作用，青霉素的优点就不可掩饰地显露出来。它近乎完美的杀菌功能在所有能找到的抗生素中首屈一指。在开发青霉素的过程中，有两位科学家和弗莱明一样功勋卓著，他们领导的牛津大学研究群为青霉素最终成功做出了突出的贡献。

一位是牛津大学威廉顿病理医院的病理学教授，霍华德·弗洛礼。他是一位来自澳大利亚的医学家。1921年二十三岁的弗洛礼进入牛津大学攻读医学。他聪明好学，成绩优异，在各个学科上都取得了可喜的成就。在牛津读书的日子里他就显示出了极强的上进心。弗洛礼的专长是研究人体各个部位的作用，他有着独的到见解和想象力。

在国际上，弗洛礼也很有名气。1929年间，他致力于人体胃部作用的研究。其中，特别注意到了胃液的作用。胃液在消化中起到十分重要的作用，由于含有胃酸和多种酶体，胃液能分解多种成分，使其成为人体可以吸收的营养。

弗洛礼在对胃液的研究中还要寻找一种物质，因为早在1922

年，他就读到过弗莱明发表的一篇论文，文中论述了存在于人类体液中的天然杀菌物质——溶菌霉。他对这项发现十分关注，并且一直记忆犹新。因此，他想知道胃液中是否同样存在这种溶菌霉。实验结果表明，胃液中也有溶菌霉。

弗洛礼此时决定和一位牛津的同事，厄尼斯特·简联合进行研究。厄尼斯特在牛津的科学家中也非常出色，他为人随和，十分谦虚。在他们正式决定开始工作后，正赶上溶菌霉的研究告一段落，发现了它的局限性。于是，他们决定一起着手于另一种天然杀菌剂的研究。

课题的选择十分慎重，厄尼斯特为此收集了世界各地的医学文献报告，其中包括两百篇有关阻止细菌生长的文章。弗莱明于1929年发表的一篇有关盘尼西林的研究论文报告也在其中。从这两百篇报告中，他们最初筛选出三种物质进行研究，盘尼西林就是其中之一。

他们先开始了熟悉青真菌的工作，在威廉顿学院里，他们向其他实验室要来了一些青真菌，自己把它们培养，从各个方面了解这种菌类的特性。前期的工作进展很顺利，青真菌生长、繁殖良好，很快，弗洛礼和厄尼斯特就掌握了所要了解的一切。他们的目标就是要解决一个主要问题，把青霉素从青真菌液中提取出来，制造医用盘尼西林。

制造医用盘尼西林的工作十分困难，而且即使能勉强分离出一点，它的原有功能也似乎全部消失。他们意识到这不是一项简单的工作，但又是必须解决的问题。为了攻克这一难关，霍华德·弗洛礼领导组织了一个由牛津大学科学家参加的研究群，用集体智慧的力量去解决这个困难而重要的问题。

弗洛礼他们开始工作的日子正赶上第二次世界大战爆发，刚刚从第一次世界大战中解放出来的人们，又被二战的阴影所笼罩，这次战争的范围更加广泛，比起一战来，更多的国家被卷入战争，更先进的武器用于战场，前方和后方的区别缩小了。

英国作为一个岛国，没有成为陆地战场，但是受到了狂轰滥炸，许多地方由繁华的市井变成了一堆瓦砾。全国上下都在忙于备战，到处都在挖防空洞。为了配合军队作战供给的需要，所有的食品、燃料和衣物都实行了配给制，还把这些物资由城市运往乡间，避免敌人的破坏。

就是在这样黑暗的日子里，弗洛礼组织的研究群仍在坚持不懈地工作。难能可贵的是，弗洛礼不但是一位杰出的科学家，也是一名很好的领导人才，他温文尔雅，对参加他工作群的科学家都热心关怀。

众所周知，牛津大学里聚集的是各学科的带头人，威廉顿病理学院中著名的医学家也是济济一堂。如果不具备一定的德才，很难担当此项重任，弗洛礼在选才上十分成功，以他敏锐的慧眼挑选启用了数位才智超群的同事。

在工作中，他用自己的信心和热诚鼓舞研究人员，在那个艰苦的时代用自己的学识和领导魅力将他们团结在一起，成为一个专注而又有决断力的团体。

他们坚信盘尼西林的重要性，但要大规模开展研制工作，必需有能提供设备和工艺的企业。然而，在证明它对人体绝对安全有效之前，没有一家制药公司肯出资来制造。生产不出大量的盘尼西林，实验的进程就得受阻。在这种困境下，弗洛礼领导同事们亲自动手，将威廉顿病理学院从一所教学与实验学院改造成了盘尼西林的制造工厂。

他们所需的设备也是七拼八凑，所有的生产过程都是靠他们自己，单就实验道具来讲就五花八门，有各式各样的空油罐子、空瓶子，还有垃圾桶、家用浴缸、灯泡、牛奶搅拌器、冷却器、图书馆的痰盂，甚至医院用的尿壶，所有能找到的都被拿来了。很难想象，在战火纷飞的时代，在这样的条件下能生产出盘尼西林。而事实是，盘尼西林居然真的制造了出来。

第一批盘尼西林于1940年3月中旬由厄尼斯特·简成功地开发出来。厄尼斯特提取出的盘尼西林是棕色的粉末，虽然这种粉末状的盘尼西林的纯度还不理想，但其药力比起弗莱明所提取的要强得多了。厄尼斯特在动物身上进行实验，他用了100毫克的棕色粉末，可喜的是，这种粉末对动物本身和血液内的吞噬细胞没有任何不良影响，盘尼西林的提取工作已有了良好的开端。

同年五月，弗洛礼进一步发展了实验的方式。他知道盘尼西林作为一种生物制剂的抗生素，在发挥药效方面比起化学制剂要慢得多。他要测出究竟用多长的时间。他在试管中培养了有害病菌，待其生长、繁殖到一定程度时混入盘尼西林。他焦急地等待着实验结果，直到四个小时以后，试管内的细菌才基本上被杀灭。他将这个实验重复了几次，都得到了这个时间。但从外界进入动物体内的药液到达尿液的时间也才只有两个小时。

也就是说，因为盘尼西林药效迟缓，很可能在能够发生作用之前就随尿液排出了体外，白白浪费药物，也达不到治病的目的。弗洛礼的实验说明，要找到一种方法使盘尼西林的功能发挥出来。他经过长时间的深思，决定试着借由身体组织的功能，来解决因时间延迟所产生的问题。

1940年5月25日是一个星期六，这天的上午，弗洛礼进行了一项将医学带入一个新纪元的实验。

11点钟，他将致命的链球菌分别注射到八只实验用小白鼠身上。然后，他将这些白鼠放置在不同的地方，其中的四只放入笼子里，从另外的四只中拿出两只，各注射一剂盘尼西林，所剩的两只则在十个小时之后分别注射五剂少量的盘尼西林。

第二天早上，他来到实验室，发现四只没有被注射盘尼西林的小白鼠全部死掉了。另外四只得到盘尼西林注射的小白鼠则全都存活了下来。这真是一个喜讯：盘尼西林不是不能消灭链球菌！

弗洛礼他们又多次重复此类的实验，他们在不同的动物身上使用盘尼西林，目的是为了通过动物实验来考察盘尼西林对人体会有什么影响；它的局限性在什么地方；如何注射盘尼西林才是安全有效的；两次注射的间隔要多少时间，以及每次注射的剂量要多大等等。

为了进行这些实验，弗洛礼和一名叫詹姆斯肯的助理夜以继日地工作着。他们吃住都在实验室里边，全天不离开。每隔几小时他们就要注射一次。即使在夜间，他们每三小时就起来一次给动物注射，还要持续观察动物注射前的状况，每次注射后的反应情况等细节，一丝不漏。

这样的工作持续了好几个星期，周而复始，直到7月份，正式的实验过程才算结束。他们这一系列实验的结果以科学报告的形式于1940年8月24日发表。虽然这一实验是划时代的，但在当时并没有引起太多人的注意。

2. 简陋的"制药厂"

第二次世界大战在继续，并且愈演愈烈。英国本土虽然一直未成为正面战场，但昼夜不停的空袭将成片的居民区夷为平地。英国的大城市是轰炸的中心，牛津也不再是安全的所在了。人们纷纷躲到防空洞里，洞中挤满了避难的人群，双层床一张挨着一张，家园被毁的人们在阴冷的洞中盼望着和平的到来。

面对这样日趋险恶的环境，弗洛礼和他的工作人员们也不得不撤出了牛津，暂避战火。牛津大学里他们千辛万苦才配备起来的实验用品也要全部放弃，战争剥夺了他们最基本的实验条件，但是他们一定要把研究工作进行下去。

他们离开牛津前，将青真菌的孢子涂在衣服的衬里上，这样，即使别的条件都不具备了，他们至少还拥有孢子，这些孢子是希望的种子，只要有可能，他们就能重新培养这些孢子，繁育青真菌，提取青霉素，将实验继续下去。

盘尼西林的研制工作倾注了牛津科学家的汗水和心血，艰苦的环境和工作的难度没有吓倒他们，也正是因为弗洛礼、厄尼斯特还有别的专家们坚忍不拔的意志和努力，才使青霉素的研制工作没有被环境扼杀，半途而废。

外界环境略有好转后，弗洛礼和他的研究小组就重新恢复了实验工作，下一步的实验至关重要。经过长时期对青霉素的测试，现在，就要把青霉素从动物身体的试用转到试用于人体了。用青霉素帮助人类战胜疾病谋取健康是最终目的。

就当时的生产水平来说，要达到这一步却是非常困难的。人的体态比小白鼠大三千倍，也就是说，人的用量为白鼠用量的三千倍。这么多的盘尼西林生产起来十分费时，因为提炼工艺不完善，大批的青真菌液里只能提取极少量的盘尼西林。

弗洛礼他们精确地计算后发现，如果每个礼拜生产五百升的青真菌菌液，这是一个不小的数量，几个月下来的盘尼西林成品才只够用于五六个病人，而且，这几个月中工作要一刻不停。用这种方法来取得盘尼西林造成的后果，将会是虽然盘尼西林功效显著，但只能是极少数人能够享用的灵丹，达不到为大众服务，治愈更多病人的目的。

解决的办法只有一个，为了能大批量生产，他们要先证明盘尼西林对人体的功能，这一点要确凿无疑，只有这样，才会争取到制药厂愿意出资金和设备来大规模生产。

使弗洛礼为难的是，在用于人体的实验阶段，就要用相对大量的盘尼西林，而此时的情况下，不可能有厂家协助。大批的工厂转向军工生产，即使这样有些工厂也不愿协助这项尚无十分头绪的实验。弗洛礼下定决心，一定要把盘尼西林生产出来。他们组织起来，把威廉顿学院改装成一家小型制药厂。

在这里工作的有七名医学科学家，十名助理工作人员，还有作为副手前来参与生产的六位姑娘。姑娘们的任务就是培养青真菌，协助生产盘尼西林。因为她们天天和盘尼西林打交道，并且盘尼西林对人类又如此重要，这几位姑娘被亲切地唤为"盘尼西林女孩"。

所有的工作人员都忘我地劳动。用于培养青真菌的容器用量很大，根据弗洛礼他们以前的工作经验，当时生长在医院所用尿壶里的青真菌最为旺盛，所以这次他们就全部采用这种形状的容器。为了得到所需要的工具，弗洛礼几次专程跑到一家工厂进行说服工作，功夫不负有心人，在他不懈的努力下，这家工厂终于为他们做了六百个尿壶形状的容器。

青真菌培养室就设在学院的一间教室里。培养器整齐地摆放在一排排的架子上。盘尼西林女孩们用喷雾器将青真菌的孢子均匀地喷射到容器里，室内维持着一定的温度，正适合青真菌的繁殖。这样放置十四天以后，容器内的青真菌就形成溶液，成熟起来了。这时倒出来的就是可以用于生产盘尼西林的青真菌菌液了。他们把这六百个容器分成两批，交替使用，可以不断地得到真菌液。

七名科学家和他们的十名助理负责提炼和纯化盘尼西林的工作。这种工作的每步都要十分仔细，在培养青真菌菌液的步骤里，如果不小心被外界的异种细菌液或其他杂质混入，那么培养出的菌液就不再是纯净的青真菌菌液了，也就不再符合制造青霉素，药用盘尼西林的要求了。

在弗洛礼的"制药厂"里，来干这项工作的是一些年轻的姑娘，这不得不说是弗洛礼的一项周密的考虑。姑娘们做事细心，干起这种工作来一丝不苟。她们每天上班都换上白大褂，戴上手套和口罩，如同照顾幼儿一样仔细培养青真菌，并保持容器和环境的整洁，经她们的手培养出的青真菌几乎每批都十分合乎制药要求。

"制药厂"里的十名助理和七名科学家的工作是将培养出来的青真菌菌液进一步加工，采用他们发明的冷冻干燥法，把所得的青真菌浓缩，层层筛选。这种方法制出来的盘尼西林数量很少，但毕竟他们通过自己的艰苦努力拿到了药品形式的盘尼西林。

未经加工的青真菌液和弗莱明所制造的真菌液效力都不强，而此时由厄尼斯特开发出来的盘尼西林经过一连串的萃取之后，比他们最早制出的棕色粉末状盘尼西林的药效强六十倍。他们最初的成品中，百分之九十九都是一些无用的杂质。

在这种令人兴奋的成就的鼓励之下，威廉·邓恩爵士病理学院的生产昼夜不停，弗洛礼他们尽自己的全力多生产一点盘尼西林，也希望早点把它用于人类，解除病痛的侵袭。

他们的工作为盘尼西林的使用做出了极大的贡献，事实上，弗莱明于1928年发现了青霉素之后，青霉素的进一步开发就是由弗洛礼他们负担的，直到弗莱明与他们共同奋战。弗莱明与弗洛礼在共同奋战过程中，还有一个非常重要的合作伙伴，他就是诺曼·希特雷博士。

尽管青霉素是一种十分有效的抗生素，但是它的纯化却非常困难，产量很低。能够生产出足够的青霉素用于首次人类医疗试验，这主要归功于诺曼·希特雷的技术创新。

为了实现自己的目标，诺曼·希特雷克服了许多不同寻常的困难。

希特雷出生在英格兰萨克福马县的一个小镇，他的父亲是一个兽医。希特雷对科学的兴趣因一个到当地学校参观的演说者而激发出来，之后，他的父母将他送到寄宿学校就读，先是在福克斯通然后又被送入桐桥，在那里，他的兴趣再一次因良师而得到提升。继而他从桐桥毕业后升入剑桥大学学习，直到1933年毕业，他继续留校就读生物化学博士学位。

离开大学之后，诺曼·希特雷的第一个雄心就是要成立一个自己的商业分析公司，但是因为接受了牛津大学的一份临时工作，他最终放弃了自己的计划。在牛津，他的实践能力的超凡价值得到证实，在他的协助下，青霉素从一种学术好奇转变成救命的药品，他的创造改变了全世界的医学治疗。

1940年平安夜，诺曼·希特雷同他牛津大学的同事们一起，花了整整一天的时间对他新设计出来用于生产青霉素的发酵器皿进行清洗消毒以及填充。圣诞节那天，希特雷回到实验室，在这些器皿里种好青真菌孢子，将其装好进行孵化，十天过后，他希望看到他用来培养真菌的培养液中会生长出足够的青霉素，这样就能够进行人类测试。

七个月之前的一个星期六,也就是1940年5月25日,希特雷在一次证实青霉素对动物具有超凡抗生力的实验中,起到了关键性的作用。他每隔一个小时就观察一下八只老鼠,每只老鼠都被注射了剂量为一亿一千万的链球菌。

四小时之后,四只老鼠被注射青霉素进行治疗,而另外四只则保持原样。希特雷一边观察着,一边等待着。下午晚些时候,四只未接受治疗的老鼠开始出现病情,午夜时分开始出现死亡现象。到凌晨三点三十分,四只老鼠都已死亡。

而另外四只接受治疗的则安然无恙。希特雷通过牛津大学折回到自己的房间去打了几个小时的盹儿,然后回到实验室将这个好消息告诉他的导师弗洛礼教授。弗洛礼是这样评价这个成果的:"事实上这简直是一个奇迹!"

历时一年多的不列颠之战进入了白热化阶段,德国空军日夜不停地对各个城镇进行袭击。那些有设备培育弗洛礼所需的青霉素的制药公司并不愿意将人力和物力从战争中转移到一种尚未经过测试的药品上来。弗洛礼把希望都寄托在希特雷身上,因为希特雷是青霉素培育的负责人。因此,弗洛礼开始接受这项看来几乎不可能的任务,也就是说,在最短的时间里,他要试着生产出用以对几个病人进行测试的药品。

弗洛礼把这个艰巨的任务又交给了希特雷。希特雷建议使用一种有效的提取和纯化程序。这一程序被大多数药品制造商使用过多年,它基于1932年以来就公认的一个常识,就是当一种酸性溶液与天空醚一起摇匀,青霉素将进入天空醚,但当PH值为中性时,青霉素则不会与天空醚混合。

希特雷的创造性的贡献就是将天空醚提取物与水在一个PH值为中性的缓冲器或碱中混合，这样就使得青霉素还原成干净的液体状态。希特雷本人自嘲地将这种方法看作是"简单得可笑"，但是他承认这的确费了他很多脑筋。

1940年希特雷成功进行了保护老鼠的实验之后，开始对培养器皿代替托盘、罐子提出了要求。因此他们设计出一款长方形的玻璃器皿，它有一本书那么大，在一个角上有一个漏嘴，设计很理想，可以将很多器皿堆放在一起，放在他们部门的高压锅里消毒。玻璃器皿可以用来承载一升的培养媒质，其深度是一点七厘米，正是真菌和青霉素生长所需的最适当的模子。

然而在咨询了耐热玻璃公司之后，他们的计划受到了挫折。该公司倒是有意于制造这些玻璃培养器皿，但需要预付五百英镑（相当于现在的三万英镑或四万五千美元）才能制作一个特殊的模子，而且还需要等六个月的时间。

希特雷决定尝试用陶瓷来制造这个器皿。这些器皿长二十八厘米，宽二十三厘米，深六厘米。希特雷认为可以做成里面光滑外面粗糙的样子，以便抓握。弗洛礼决定尝试一下，于是他写信给斯拖克博士，将希特雷设计的器皿式样图片寄给他，希望得到他的帮助。特伦特河畔斯托克市是五个以陶器著名的城镇之一，位于英格兰中部地区，这里的餐具制造已有几百年的历史。斯拖克与詹姆士麦健泰的公司取得了联系，对方表示能够生产这些器皿。

很快，三个试用器皿被送到剑桥大学，经过测试，这三个器皿都完全符合要求。弗洛礼下了一份定制几百件的订单，要求立即动工。12月23日，希特雷借了一辆货车，第一次就运回一百七十四件，在1940年圣诞节，邓恩学院开始了大规模生产用于人类测试的青霉素。

一个月的时间内，希特雷培养了八十升原始青霉素溶液，每毫升一到两个单位青霉素，一共培养了十万个单位的青霉素。这种单位是在希特雷发明的特殊化验培养板上测量的一种力量单位，据后来定义，每一个单位相当于零点六毫克纯青霉素。（随着不断的发展，以后的商业生产增加到每毫升可以产出四万单位的青霉素。）

此时，弗洛礼已经有了足够的青霉素，着手进行人类试验。而这时，希特雷也正在努力增加青霉素的产量。他从每批青霉素中都取出两对容器，或改变培养基或者改变条件。他希望借此能增加产量，但都未成功。

毫无疑问，邓恩学院已证明了这种新型抗生素的功效，现在只需加速生产。一直支持弗洛礼的洛克菲勒基金会力劝他到美国去，向那里的公司寻求帮助。

因此，在1941年7月，弗洛礼和希特雷飞往中立国葡萄牙，从那里辗转飞往美国，寻求合作伙伴。农业部北部研究实验室位于美国伊利诺斯州的皮尔利亚市，在那里他们的请求才总算有了成效。实验室主管梅博士和主管发酵组的负责人柯吉尔博士答应立即着手研究，旨在将青霉素的产量增加到在牛津生产时达到的每毫升一到两个单位以上。

希特雷留在农业部北部研究实验室进行研究，而弗洛礼则继续拜访美国制药企业，但仍是没有什么结果，尽管有些厂家现在已经开始自己实验。在皮尔利亚，希特雷被安排与摩耶尔博士合作，这个人一向讨厌所有英国的东西。

然而，举止文雅、谈吐平和的希特雷看来却是个例外，他们合作得非常愉快。摩耶尔提出往培养基中加入玉米浆，这是淀粉提炼所得到的一种副产品。他们又做了其他一些尝试，比如用乳糖代替葡萄糖。有了这样或那样的微妙变化，他们已能把青霉素的产量从原来每毫升一到两个单位增加到每毫升二十个单位。但渐渐地，他们的合作已趋于单方面。希特雷说，他注意到摩耶尔已开始对他有所提防，很多工作已不告诉他了。

1941年9月，弗洛礼回到了牛津，而希特雷继续留在皮尔利亚直到12月份，在之后的六个月，他在位于新泽西州洛维市的墨尔克公司工作。

1942年7月他重新回到牛津。不久，他就提出了辞职。他说："考虑到我和邓恩学院间的合同就要到期了，我便接受了其他地方提供的一份工作。"弗洛礼没想到他会选择离开，便指责希特雷不该说走就走。

希特雷说："当相互间的误解澄清后，我也很高兴能留下来与弗洛礼继续合作。"最终，他选择在这里继续他的事业，从事抗生素研究，单独撰写并与人合著了六十五篇科学论文，成为弗洛礼团队中最多产的研究员之一。

3. 并肩战斗

虽然同在英国，在牛津大学的盘尼西林研究和生产工作进行得如火如荼之际，身在伦敦圣玛丽医学院的弗莱明却毫不知晓。弗莱明发现盘尼西林后所有提取的试验均告失败。

他不得不注意，当他不能用青霉素帮助受传染的病人时，那些病人是如何久病不愈最终死亡的。因为他的工作受阻，条件也非常困难，所以对盘尼西林的疑虑也出现了。曾经是弗莱明老师和同事的莱特提出了一种怀疑论，直接指向弗莱明。

在这种困境下，弗莱明不懈地努力工作，常常加班到深夜。他一再寻求，希望得到助手，并在他的工作方面得到经济上的支持，但每次都遭到英国政府的拒绝。因此，在他还没有分离出这种有价值的物质时就不得不把这项工作告一段落。弗莱明把他直至那时获得的成果发表在一篇概括性的文章《关于真菌培养的杀菌作用》。

这之后，有多位科学家先后进行过对盘尼西林提取的试验。在伦敦的热带研究所里，生物化学家莱斯提克试图重新进行青霉素的分离工作。但他的工作也毫无结果。最早的磺胺药于1932年制成后，人们对青霉素的兴趣随之明显下降了。

但是，因为磺胺药的局限性日趋明显，青霉素的分离和提取又遇到了意想不到的困难，这种僵持的局面促使人们在各方面努力，力求找出一个最佳解决方案。磺胺药仍是各大医院和许多大夫的首选药物，尤其是在使用常规药物无法见效的时候。同时，在各国的医学家的实验室里，又有一项实验在加紧进行，这就是对磺胺药进行改良的实验。

磺胺药的改良目的很明显，去除可怕的种种副作用，同时，保持其出色的治疗功效。这项课题被列入了当时许许多多知名科学家的研究项目之中。经过各种尝试，磺胺药表现出的特点令人无能为力：在保持药效的前提下，其副作用不能消除；而一旦消除了副作用，其本身的药效也一同消失得无影无踪了。这种努力在经历了一连串的失败后暂时被搁置起来。

但探索的脚步却未就此停止，因为在科学工作中，失败是极为常见的，只有经得起失败的研究者才可能获得最后的成功。

和磺胺药的改良实验一样，青霉素的提取工作也一直在进行着。弗莱明于1929年发表的有关青霉素研究成果的概括文章——《关于真菌培养的杀菌作用》虽然没有引起学术界，特别是医学界太多人的关注，但有一些对青真菌了解比较深刻的人士都仔细阅读了弗莱明的文章，他们明白这意味着什么，因此，青霉素才没被彻底遗忘。

在欧洲大陆的法国，微生物学家杜伯克多年研究土壤的微生物，因为一方面含有大量病菌的尸体进入土壤的微生物，另一方面，病菌能否使土壤相应增肥还未确定，所以，杜伯克就试图寻找能够杀死细菌的物质。1939年，他分离出最早的抗生素短杆菌素。尽管这是一种抗菌作用微小的细菌，但是，这一发现使人们对弗莱明的观察和发现的兴趣又一次浓厚起来。

青霉素的研究就这样一波三折。弗莱明最初得知弗洛礼他们的研究工作消息，是在1940年8月24日他们发表的一份学术报告里。这篇报告在医学界并没有引起广泛的关注。但是弗莱明读了以后，他预感到自己的这项发现在徘徊不前这么多年以后将会有大的进展。面对这样的好兆头，弗莱明按捺不住心里的兴奋，他马上动身，于同年9月2日早上来到了牛津的威廉·邓恩爵士病理学院。病魔克星和它的提取者们终于相见了。

弗莱明到牛津的这个时期，由厄尼期特·简进一步改进后提取的青霉素比起最初的棕色粉末功效又提高了六十倍。弗莱明的到来受到了弗洛礼他们的一致欢迎。弗洛礼带弗莱明参观了他们的"制药厂"，详细介绍每一个细节，从容器中培养的青真菌菌液到用冷冻干燥法生产相对纯度较高的盘尼西林。

弗洛礼把他的"工厂"人员介绍给弗莱明，从学识深奥的学者到年轻活泼的"盘尼西林女孩"，他们都是那样努力地工作着，每个人的眼睛里都隐隐地布满因缺少睡眠而生成的血丝，但是他们的目光是明亮的，透出充足的干劲和坚定的信心。

在弗洛礼的领导下，这个群体的每一个成员都充分认识到自己的职责，明白盘尼西林对英国，对欧洲，以至于对全世界是何等的重要。他们虽然得不到充分的休息，而且这种繁重的研究、制造工作也未得到社会的什么支持与鼓励，但这丝毫减弱不了每位工作人员的决心。不论外界环境阻力有多大，盘尼西林一定要从这个简陋的威廉·邓恩爵士病理学院制造"工厂"生产出来。

弗莱明看着这些顽强工作，为医药事业默默奉献的牛津学者和工作人员，深深为他们的精神所打动。在自己的研究被冷落这么长时间，而且由自身的力量又不能将其完成的情形下，看到有这么多人将自己的研究进行下去，弗莱明怎么能平静呢。

弗洛礼领弗莱明来到培养青真菌的"厂房"。架子上一排排整齐的容器里青真菌正迅速繁衍着。他向弗莱明解释了为什么要把培养容器制成这种尿壶的形状，以及怎样通过喷雾器将青真菌孢子喷到容器内。还参观了生产出来的青霉素的成品。

在整个参观过程中，弗莱明的外表仿佛和平常没什么两样，但他那聚精会神的目光不放过研究生产的每一个细节。这目光中还有一种特别的喜悦之情，这种喜悦是如此强烈，以至于在一贯冷静沉稳的弗莱明眼中透露了出来。他悉心听取弗洛礼的讲解，对自己不懂的，或者是一时没有听清楚的说明就明确地提出来。

弗洛礼深为弗莱明的谦虚谨慎和一丝不苟所感染，这位青霉素的发现者竟能如此虚心坦荡，他从心里佩服弗莱明。而弗洛礼耐心地讲解和缜密的思维与处理问题的方式也同样给弗莱明以深刻的印象。

此次来到牛津，他是以一名参观者、一名取经者的身份进入弗洛礼的实验室。令他感动的是，弗洛礼对他们辛勤的研究毫不保留，无一不详尽地介绍给弗莱明，并十分真诚地希望能得到弗莱明的指导。这两位科学巨匠在科学上取得辉煌成就的同时，在品质上也堪称人们的表率。正因为如此，弗莱明和弗洛礼及牛津的科学家们才能互通有无。

此次牛津之行，他们探讨了许多问题，也解决了一些实际困难。弗莱明对牛津的工作十分满意，他做出了充满热情和希望的预言和祝福："只有你们才能纯化出如此活跃的成分，并将它合成为一种药物。"

弗莱明的预见非常准确。他知道在欧洲，在世界其他地方也有很多科学家在致力于青霉素的提取工作，也不是对其他人的工作盲目否定，而是在他亲身经历了青霉素的发现之后。

在牛津，他又看到了如同自己当年从事研究工作时的工作激情和牛津研究室人员的整体素质。他们有深厚的文化知识，对自己的工作严肃认真，虽然对有些科研人员来讲，他所从事的工作与他的知识层次相比较只能算是一种简单的劳动而已，但其工作起来仍是一样的认真，对每个步骤都细心操作。

他们有良好的协作精神，整个生产过程，从培养青真菌到制造青真菌菌液，再到将之冷冻干燥制成盘尼西林成品，就如同是一个生产流水线，他们配合得如此默契，这么多人一起工作竟如同一个人一样协调。

他们还有一个很好的带头人——弗洛礼，他在技术上指导他们，在组织上协调他们，在精神上鼓励他们。这些条件都是那么齐全，这是其他任何一个从事盘尼西林纯化工作的团体所不具备的。弗莱明正是因为看到了、感受到了这些，才如此真诚地表达出他的思想。

他已经看到，用不了多久，自己的这一项发现将由弗洛礼他们引向更高的一层，真正利用起来，达到造福全人类的目标。

4. 艰难的人体实验

历史上第一位接受盘尼西林治疗的病人是一名警察，名叫亚柏·亚历山大。他患了一种由链球菌和葡萄球菌交叉感染引起的传染病，病菌感染了他的脸颊、头皮和双眼，这种病被称为"玫瑰丛疮"。

虽然使用了当时普遍认为最有疗效的磺胺药，使用的剂量很大，用药次数也很多，病情依然不见好转。直到为他注射了盘尼西林24小时之后，他的病情有了戏剧性的转机。可是，因为盘尼西林的使用不能间断，能供使用的数量又实在有限，所以，尽管亚柏·亚历山大的病情一度好转，但终因药量不足，他体内的病菌没能完全被杀灭，他还是死去了。

虽然这一次的治疗没有达到预期目的，但就盘尼西林本身的效力来讲则是得到了较好的证实，这表明，用于人体的盘尼西林的确可靠。

第二名病人是一位年仅十五岁的男孩，他因接受了脸部手术，而手术后处理不当，诱发了伤口感染。这种手术后感染的危险性也很大，通常情况下会危及生命。但在为他注射盘尼西林之后，感染的炎症消失了，男孩子恢复了健康。这是第一例盘尼西林成功的病例。

后来的临床表明，在数量充足的情况下，盘尼西林显示出的是一切别的药物难以达到的功效。这个男孩之后，盘尼西林又相继用于6位病人身上，每个人都得以奇迹般地康复。

在这么完美的成绩面前，盘尼西林还是不能够被宣布为安全的药物。一种药品从发明到可以安全应用，中间要有一定的试用期。对盘尼西林而言，至少要在治愈100名以上的患者后才能证明它的可信性。这时的问题不在于药效不稳定，而是因为他们的手里只有2000公升的青真菌菌液了。这一数量的菌液提取的盘尼西林只够用来救活一个病人。寻求制造厂家已迫在眉睫了。

弗洛礼求助于许多的厂家，但遭到和弗莱明当年一样的命运。在盘尼西林诞生的故乡英国，不论他们怎样努力，最后居然连一家制药厂也不肯支援。眼看在本国的努力落空的弗洛礼此时只得向海外寻求救助，他的目光转向了大西洋彼岸的美国。

美国作为世界上最开放的国家，在吸引先进技术、开发新产品方面尤为不拘一格。最初为弗洛礼敞开大门的是美国伊利诺伊州奥立亚市的一个农业研究试验所，这里开始生产盘尼西林。此时，因为二次大战战火愈燃愈旺，一直没有参战的美国不知不觉地滑向了战争的边缘。

就在盘尼西林西渡美国的1941年12月，日本偷袭了美国太平洋上的重要海军基地——珍珠港。珍珠港事件以后，美国正式参加了二次大战。美国的参战为盘尼西林的发展起到了推动作用。因为美国知道盘尼西林的重要性，在抢救战场伤员、治疗战争传染病方面，盘尼西林都是无与伦比的，这是维持军队战斗力、保证战争胜利的关键性因素之一。因此，美国政府下令全面开展盘尼西林的制造工作。

美国方面的这种积极态度和有力措施将牛津工作人员的热情更加倍地激发了出来。他们以更高的积极性投入到研究中来。在有了足量的盘尼西林之后，第二组用于临床的测试于1942年开始了。这组被测人员有15名，都是被医生们普遍认为已无可救药的病人，而在注射了盘尼西林之后，除了一个人以外，其余所有患者都完全康复了。

1942年的弗莱明已完全认识到进一步开发盘尼西林的重要性。在配合牛津大学研究人员进行工作的同时，他自己的研究也从未停止过。因为当时盘尼西林用于人体的试验尚未完成，许多问题也列入了弗莱明的研究范围。弗莱明第一次使用盘尼西林治疗病人的情形还使许多经历过的人记忆犹新，他的大胆探索和精密细致是医学工作人员的典范。

这是一名叫亨利·蓝勃特的患者。当时，他正发着高烧，躺在圣玛丽医院的病床上痛苦地辗转反侧。高烧影响了他的神经系统，他神志不清，喃喃自语，并伴有抽搐、痉挛等症状，这种状态的病人已是奄奄一息了。

亨利的病症医生们都十分清楚，他得的是一种细菌引发的传染病，病菌侵入了他体内，严重地破坏了身体机能，现在，已达到了欲夺走他生命的程度。他的亲属无助地望着医生们，乞求能为他想想办法。

医院的医生、护士全力以赴地进行抢救，他们使用了磺胺药，因为这种药有过一些治疗上成功的病例。但此时，不论如何增大剂量和次数，这种药对亨利不起丝毫作用。至于其他的常规药物更是如此。经过历时六个星期的挽救，亨利的病势反而愈加沉重起来，眼看他就活不成了。

身为圣玛丽医学院教授的弗莱明巡视到亨利的床前，他仔细诊察了病情后决心亲自追查这种病菌。最初，根据病人的一些反映，弗莱明认为他是患了流行感冒。但随着病情的恶化，种种迹象显示患者的情形还要糟。最后，弗莱明认定他是得了脑膜炎。现在，人们知道脑膜炎的成因是包围在脑和脊髓外面的防水护膜受到了细菌的感染后脑功能产生紊乱引起的。当时，弗莱明得出这一判断则需细致的诊察、分析。

弗莱明想：亨利患了脑膜炎，那么这些要害部位肯定有细菌。他马上动手拿来了一个针筒，在病人脊髓周围的地区抽了一针，把得到的水状液体放在显微镜下观察。果然，弗莱明看到了他推测的细菌，它排列呈现出链状，是那种毒性极强、繁殖迅速的链球菌的一种，这种细菌繁殖的速度非一般细菌能比。在短短二十分钟内一个就分裂成两个，也就是说，一个细菌在进入人体九个小时后就会变成十亿个。

弗莱明此刻清楚地意识到，只有一种药可以有效，这可是最后一线希望了。但是他手中没有一点儿药物。他拿起电话，拨通了唯一一个，也是最后一个能帮助他的人——牛津的弗洛礼教授，请求出让10克青霉素。弗洛礼毫不犹豫地答应了。

当时盘尼西林十分贵重，许多达官显贵也得不到它。十克青霉素的价值远远不是金钱和权力能比拟的，谁拿到盘尼西林，谁就掌握了生命。弗洛礼的无私打动了弗莱明,他称这一天是他"生命中最幸福的一天"。同时,弗洛礼还告诉弗莱明如何正确使用盘尼西林来注射,因为盘尼西林在体内的代谢很快,只有根据弗洛礼他们试验得出的方法进行注射才能产生预期效果。

1942年8月6日的傍晚,一剂盘尼西林由他的发现者慢慢推入亨利的体内。依照弗洛礼的方法,三个小时以后,弗莱明又注射了第2剂,再过三个小时,又注射一次。这样的注射持续了一个晚上。弗莱明和其他的医护人员彻夜未眠,聚精会神地观察亨利病情的变化。

这一系列的注射过后,亨利逐渐地从高烧引起的亢奋状态下安静下来,停止了持续的翻动和喃喃自语,终于进入了梦乡。这时,距离使用第一剂盘尼西林的时间只有24个小时,医生们就看到了他们难以置信的事实,病人的体温6周以来第一次降到了正常范围。接下来的七天里,他们按照弗洛礼的指点连续为亨利注射,并且他的病情也一直比较稳定。

然而,就在七天后的8月13日,亨利的病情突然又恶化起来。高烧又出现了,并伴有和以前一样的胡言乱语的状况。这种现象使弗莱明的心情非常沉重,难道盘尼西林真的无法通过人类的血液去到达脊髓杀死那些链球菌?

他绝不就此罢休,他知道,盘尼西林在治疗重症方面应该有效,问题可能是注射方法要进一步改进。他再次用皮下注射器抽取了一些病人的脊髓液拿到了显微镜下,检查一下里面是否有盘尼西林。结果符合弗莱明的推判,脊髓液里没有盘尼西林。

他的看法是正确的,盘尼西林可以杀死链球菌,只是没有到达病区。如果根据弗莱明多年对青霉素的研究结果来推测的话，盘尼西林在很多情况下是可以杀死如葡萄球菌等危险病菌的。链球菌虽然也十分有害，但盘尼西林的作用也足以将它抑制和消灭掉。这一点在弗莱明对亨利的前一段时间的治疗中就能够证实。

如果盘尼西林不对链球菌有作用的话，亨利也就不会在注射后病情好转起来，亨利体温的下降，以及后来一度的体温正常，这说明盘尼西林消灭掉了导致发热、危害神经的链球菌。

而现在的问题是，还有一部分的病菌尚未被消灭，这部分病菌由于隐藏得极深，盘尼西林在常规的注射下还不能到达这些"死角"。弗莱明此刻心里十分清楚，必须找到一种新的注射途径，也只有这样才有希望救活患者。

怎么样的注射才会有效，而且是安全的呢？人体有很多神经，这些神经有组织地分布在全身各处，人体能自由地进行各种活动，是由于肌肉带动骨骼产生的牵引而造成的，而肌肉的所有活动，又无一不是通过神经的指挥才达到的。

人体中最重要的神经是大脑和中枢神经，这两部分是指导全身每一处神经运动的"司令部"，所以，如果人体中某一部分的神经受到损害，其结果是局部的受损，而中央神经如受损害则后果不堪设想。要消灭脊髓的病菌，就可能触到中枢神经，而如果存在于脊髓液内的链球菌不能被消灭，它们就会以成倍的速度繁殖起来，并有可能扩散到其他部位。一旦出现这种情况，则盘尼西林的需要量将更大，亨利的生命会更危险。

弗洛礼的回答是"没有"。在这一刻，弗莱明犹豫异常，他的计划就是将盘尼西林直接进行病区注射。但弗洛礼的回答意味着这次注射将是脊柱注射的第一次，亨利是试验品。这样做的结果只有两个，一种可能是挽救了亨利的生命，另一种就是加速他的死亡，因为脊柱是人体的中枢器官，一旦遭到破坏就不能恢复。

可是，事态的发展已容不得弗莱明再有考虑的时间了。亨利的病情在时刻恶化，如果不采取措施，病魔就会将他扼杀。弗莱明痛下决心，他拿起注射器，小心翼翼地将针头插进了亨利的脊髓，缓缓地推动了注射器。

与此同时，在牛津，接到弗莱明电话的弗洛礼也在忙碌着，他感到弗莱明的这个电话非同寻常，于是马上召集人员试验，他们把盘尼西林注射到一只兔子的脊柱里，兔子立即死亡了。如果弗莱明早一刻得知这一结果，不知会不会仍旧采取他的行动。

为亨利注射后弗莱明他们寸步不离。下面的等待令人苦涩难耐，没有人讲话，空气也像凝固了一般。亨利生死未卜，如果此时他突然激烈颤抖、高烧、呕吐、痉挛，那么他只能如那只兔子一样了，弗莱明也要面对一个大失败。

忐忑不安的人们等待着，这时，奇迹出现在他们面前，亨利的体温下降了，高烧引起的胡言乱语也逐渐停了下来。接着，他的意识也渐渐恢复了，发炎的症状也随着消失。更令人兴奋的是，他一直没有的食欲也恢复了。

以后的几天里，弗莱明一次又一次地为他进行脊髓注射治疗。这一回，他是真的好起来了。一个月以后，亨利·蓝勃特完全康复了，他健康地走出了医院的大门。

第六章 光辉岁月

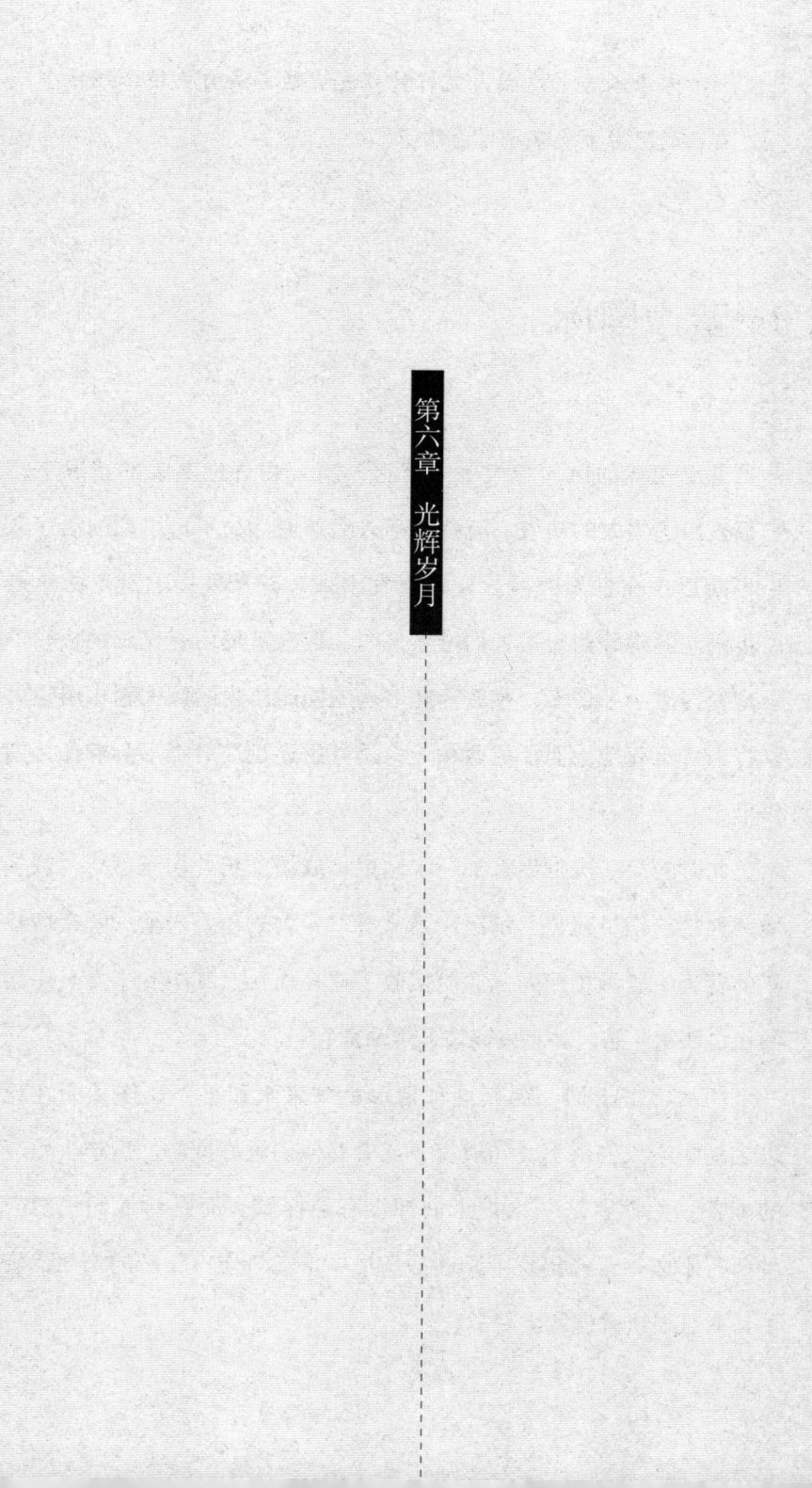

未来人类的幸福，就仰仗研究者能否去自由地依照他自己的思考方式来寻求真理了。

1. 蜚声国际

盘尼西林的巨大疗效令人耳目一新，在许许多多的情况下，它都显出了强大的功效。有些以前人们普遍认为不可思议的治疗效果不断显现在世人面前。先前开发出来，并一度影响盘尼西林进一步研制的磺胺药曾被人们推崇一时，但在盘尼西林光辉的映衬下立刻变得渺小了许多。磺胺药在治病的同时产生的巨大副作用也可以将人置于死地。而盘尼西林无论是外用还是注射都不会有什么副作用。

此时的第二次世界大战还未结束，战场上到处伤员不断，许多地区大批的伤员死亡，情况比第一次世界大战还要严重。就在1943年的春天，美国柏西乃尔医院接收了许多伤兵，其中有十九名伤兵的伤口严重化脓，并且发高烧，生命危在旦夕。

往常，护士们一遇到这种情形就拿来纸和笔，让伤兵们在死去之前给亲人们留下几句遗言，或者劝他们做好截肢、后半生残废的准备。然而，这一次护士们却没有这样做，而是给他们注射一种药。不久，奇迹出现了，这些伤员中十二名伤口化脓的伤兵退烧了，而且很快就痊愈出院了。

这就是盘尼西林造就的奇迹之一。此时，美国和英国的工厂开始大规模生产盘尼西林。曾几何时，弗莱明和弗洛礼为了找到一家小小的制药厂而费尽了心思，他们的工作无人理会。弗洛礼经过几次奔波，求助于多方，最后得到六十个培养青真菌的容器。

虽然他们求助英国政府和民间，但没有什么结果。不得已的情况下到美国寻求出路，在伊利诺伊州奥立亚市的一个农业研究试验所开始了较大规模的生产。这种情况可以说是科学界的悲哀，如果早一些得到援助，盘尼西林也许会更快地用于人类，来消灭那些危及人类健康的疾病。

弗莱明和弗洛礼在进行盘尼西林的研究和开发的同时，积极不懈地把这种药物向各界推广。他们作为杰出的科学家，对于自己辛勤开发和提取的药物没有想到利用它来为自身赚取什么好处，而是衷心希望盘尼西林能更早地为更多的人所了解，能更好地被大众所利用。

他们亲自来指导一些盘尼西林的生产和使用，将自己多年来的经验和总结拿出来，以期能帮助这些从未涉足过抗生素生产的制药厂来改进生产工艺，提高生产产量，使所生产的盘尼西林更能符合药用的用途。

美国和英国已充分认识到盘尼西林的重要性，不但在工厂生产，并且成立了三十八个研究小组，任务是加紧改进盘尼西林的制造方法，以供应大批量的需要。的确，有了盘尼西林，人类的生存环境更为宽松了。

在这个世界上，威胁人类的微生物种类繁多，新生儿刚刚来到世间，没有什么抵抗能力，就如同娇嫩的花蕾一样，一旦遭受感染就会夭折。他们不但最易受细菌的感染，且在接受治疗时用药方面也十分麻烦。稍不注意，就会引起不可收拾的后果。有了盘尼西林之后，这种情况就减少了。

将青霉素制成的疫苗接种到新生儿体内，可以安全地预防一些致命的疾病，保证数年，甚至终生免疫。另外，对于一些局部的病变，如过去一直无药可救的新生儿眼部感染，这种感染在以前只能任其扩散，直到引发失明。

现在，盘尼西林则可十分安全方便地解决这一问题，只要向眼中滴入两滴盘尼西林溶液，眼部的肿胀和脓疱就会很快消失，保住婴儿明亮的眼睛。盘尼西林使婴儿的存活率大大提高。而且对于年老体弱的病人，由于盘尼西林的药效平和，副作用不会诱发其他疾病，所以用途也十分广泛。可以说，盘尼西林是人类找到的通用的一种灵丹。

这个时期，随着盘尼西林的不断成功，弗莱明的声誉也逐渐扩大。但是，他一向谦虚谨慎，作为一名杰出的科学家，他的实验从未停止过。外界有关盘尼西林的传说没有冲昏他的头脑，他没有因为有了盘尼西林就沾沾自喜，认为一切问题就会解决。

他深知，人类对细菌的抗争不会就此结束。不论是什么药物用的时间一长病菌就会产生抗药性，并且在增强抗药性的同时，它还会衍生出一些出人意料的变种，而这些变种在承袭了原有病菌危害的同时会派生出更加具有威胁性的特性。因此，弗莱明意欲将实验不停地推动下去。

为了这个目标，弗莱明又进行了各种实验工作，探索不同的抗生素对细菌的抗生效果。其中的一项实验是，在同一个培养皿里，中间放置的是待测的细菌，周围摆放的是浸泡过不同抗生素的试纸，在培养皿的内部外围则是放置的用于和位于中央的细菌相对照的一些不同菌种，这些细菌对抗生素的反应都是已知的。

这样，通过周边细菌和中央细菌生长活跃程度的对比，就可以得知中央细菌基本上属于何种类型。同时，进一步的观测还可以发现未知细菌在不同的抗生素的作用下有什么反应，这种对抗生素的灵敏度的测试是根据浸过抗生素试纸的周围是否有细菌生长，和生长的情形而得知的。如果中央细菌能够在试纸周围生长、繁殖，则表明这种细菌对该抗生素已产生了抗药性，如要对付此种细菌，还要另外寻找新的抗生素。

在1942年的夏天，圣玛丽医院里亨利接受盘尼西林注射后从垂死状态中康复的消息传开了。世界各大报纸争相报道这一故事。过去一直不为人知的牛津大学的盘尼西林研究也首次向世人披露。弗莱明的影响更为广泛。

早在第一次发现青霉素的1928年，许多读到他发表在英国皇家实验病理季刊上论文的医学家就对他崇敬不已，如今，盘尼西林的巨大成功更使各国的医药界人士和社会各阶层向弗莱明表达出极高的敬意。传媒的披露，恰似在平静的湖面掀起了巨大的波澜。

当时正处在残酷的二次大战时期，这是场史无前例的人类大劫难，它不但将人类几千年创造的物质文明损耗殆尽，同时，它对人们的精神造成的创伤也同样巨大。人们被各种恐惧包围着，经济的崩溃、饥饿的恐慌、前线战争的进展、人员的阵亡，整个世界一片消沉，几乎所有的消息都让人失望。所有的人都渴望能听到一些好消息，记者们也为能捕捉到一点儿振奋人心的报道而绞尽脑汁到处奔波。

盘尼西林的发现是人们所希望得到的此类消息的一个。它为全人类带来了福音，更为战争中的世界减少了一些悲哀的成分，增添了一丝希望。作为盘尼西林的诞生地，伦敦圣玛丽医学院每天都被探求新消息的记者们包围着。他们和所有的民众一样，希望科学家们发明出更多拯救生命的药物，也借此为这世界增添一些积极的因素，来摆脱无休止的战争带来的沉沦。

同时，盘尼西林的发现也推动了微生物领域的快速发展。进入20世纪40年代后，抗生素已实现工业化生产；微生物酶制剂已广泛用于农、工、医各方面；微生物的其他产物，如有机酸、氨基酸、维生素、核苷酸等，都利用微生物进行大量生产。

微生物的利用已产生一项新兴的发酵工业，并逐步朝着人为有效控制的方面发展。微生物学也走出了独自发展、以应用为主的狭窄研究范围，与生物学发展的主流汇合、交叉，获得全面、深入的发展。而首先与之汇合的是遗传学、生物化学。

1941年比德尔和塔特姆用粗糙脉胞菌分离出一系列生化突变株，将遗传学和生物化学紧密结合起来，不仅促进微生物学本身向着纵深发展，形成了新的基础研究学科——微生物遗传学和微生物生理学，而且也推动了分子遗传学的形成。与此同时，微生物的其他分支学科也得到迅速发展，如细菌学、真菌学、病毒学、微生物分类学、工业微生物学、土壤微生物学、植物病理学、医学微生物学及免疫学等。

亚历山大·弗莱明是盘尼西林最初的发现者，人们尊崇他就如同相信盘尼西林的药效一样。因此，有关人物的报道就集中在他身上。

面对蜂拥而至的记者铺天盖地的报道，弗莱明表现得十分冷静。他没有兴趣，也不喜欢成为名人，到处被人簇拥，也不想借此为自己捞点什么。如果弗莱明不是这样心怀全人类，他早就可以把盘尼西林据为己有。

在他发现青霉素的第二年，1929年，英国的皇亲国戚就鼓励他申请制造青霉素的专利权。他致函谢绝了那位显贵的建议，在他的信中有这么几句话："为了我自己和我一家的荣华富贵，而无形中去危害无数人的生命，我不忍心。"

2. 为了人类的健康

在轻视名誉的同时，弗莱明还担心一个问题，传媒毫不节制的报道使盘尼西林无人不知，如果大批的病人盲目拥进医院向他讨要，将造成一片混乱，他的工作也不能正常进行下去了。虽然他关心大众疾苦，是一个极有责任心的医生，但事实上他无法供应这么多的药物。因而，他谢绝了大部分的采访。

尽管这样，有关他的报道还是源源不断。有的记者把盘尼西林的发现与他在苏格兰的童年生活联想在一起，以增加报道的神秘性。类似一些异想天开的故事也广为传诵，其中有一则将盘尼西林的发现过程写得十分可笑。

这篇文章里说，弗莱明发现青霉素的消炎作用是因为他脖子上长了一个脓肿，虽然经过长时间的治疗，用了各种各样的药物仍不见效，直到有一天，他吃了一块发了霉的乳酪，脓肿就消失得无影无踪了，因此，他发现了乳酪上的青霉，从而认识到了青霉素的杀菌功能等等。

更夸张的是，有些故事完全忽略了从1928年到第二次世界大战期间的那段时期内所有的实验，而将盘尼西林的发现归于一粒炸弹掀起的灰尘飞进了弗莱明的实验室里，从而引发了这一场具有革命性的奇迹。

不论报道真实或夸大，在大众的心中弗莱明这个名字总是和盘尼西林连成一体，这个观念到当代也没有动摇。盘尼西林给人们带来的一切也被称作"弗莱明神话"。弗莱明对这些不以为然，有时，他也会看看报纸上有关自己的一些报道，目的却是选出其中一些荒谬的文章故事，然后把它们剪下来，集成一册，当成一本笑料集。或者他干脆将剪下来的报纸亲手贴到圣玛丽医院的布告栏上，来供大家一起娱乐。

弗莱明这样做是因为他知道盘尼西林的成功绝不是异想天开或偶然所得，这是由众多科学家十几年辛勤劳动换来的。尽管他本人坚信这一点，但作为提取盘尼西林的功臣，弗洛礼和厄尼斯特他们却显得相对被忽略了，那些不知名的助手更无人问津。

在报纸上只会偶然出现有关牛津研究人员的一点报道，有时，他们更会被错误地认为是弗莱明研究室的同事。对于这种冷漠和错误，弗洛礼他们也表现出极大的器量，他曾经这样评价科学发现："自然现象认识能力的跨越，是集合数以千计的人们努力的结果，其中包括了杰出的科学家，还有默默耕耘、不为人知的工作者。

他们智慧的结晶，就像是画家在帆布上涂抹的图画。有时，科学家虽有幸地涂抹了一些好的色彩在象征性的画布上，但剩下的工作就要由数以千计的同僚们来完成了。"

1944年7月份，弗莱明的杰出贡献得到了英国的承认。虽然英国在盘尼西林发现过程中两次最为关键的时刻都未能给予什么援助，但此时，在事实面前，英国终于认识到这些错误。

第一次是当弗莱明发现了青霉素但却不能提取而急需助手的时候，他没有找到，也没有得到国家的资助。第二次是盘尼西林面临大生产的难题时，英国境内也没有支持弗洛礼的工厂，所以才有去美国求助的一幕。

英国政府以皇家的名义授予弗莱明骑士爵位，封号是亚历山大·弗莱明爵士。弗洛礼也受到了加封，尊称为霍华德·弗洛礼爵士，以表彰他将盘尼西林发展成药物的贡献。

同年，继青霉素之后，又有一种新的抗生素——链霉素问世，这种抗生素和青霉素一样是抗生素中的佼佼者。弗洛礼在牛津的工作继续发展，他赞同弗莱明关于细菌对青霉素会产生抗药性的观点，没有对盘尼西林的疗效盲目乐观。许多医生认为盘尼西林是有史以来最伟大的医学发现。

20世纪40年代以前，医院里总是挤满了传染病患者，而40年代之后，由于盘尼西林的发现，因传染病致死的人数已大大降低了。但任何事物都不是完美的，虽然盘尼西林很快被证实为一种完全没有副作用的药，但仍有不少人对它过敏，而且这种过敏的程度有时很厉害，甚至会出死亡的病例。弗洛礼针对这一问题展开研究，终于找到了一种抗生素，可以用于那些对盘尼西林过敏的人身上，这一发现，又将弗洛礼的事业推上第二次的高峰。

与其说弗莱明是一位医学家，更准确的应该定义他为生理学家。他工作的领域已经超越了医疗的范畴，从一门技术，上升为一门科学。因此，很多人将弗莱明归类为科学家的行列。盘尼西林的发现，既是弗莱明等一大批科学家长期努力的成果，同时也是近代生理学快速发展的必然。

正如弗莱明在获得诺贝尔奖时所说的那样："如果说，我现在取得一些成就，那也是大家共同努力的结果。人类任何一项重大科学研究的成功都不是一蹴而就的，都是在前辈已有的基础上经过无数次实践摸索出来的。"弗莱明以及和他同一时代的众多医学家所取得的令人瞩目的成果，无不凝结了前人的不懈钻研与努力。

真正看见并描述微生物的第一个人是荷兰商人安东·列文虎克，但他的最大贡献不是在商界而是他利用自制的显微镜发现了微生物世界，他的显微镜放大倍数为五十到三百倍，构造很简单，仅有一个透镜安装在两片金属薄片的中间，在透镜前面有一根金属短棒，在棒的尖端搁上需要观察的样品，通过调焦螺旋调节焦距。

利用这种显微镜，列文虎克清楚地看见了细菌和原生动物，首次揭示了一个崭新的生物世界——微生物界。由于他的划时代贡献，1680年被选为英国皇家学会会员。继列文虎克发现微生物世界以后的两百年间，微生物学的研究基本上停留在形态描述和分门别类的阶段。

直到19世纪中期，以法国的巴斯德和德国的柯赫为代表的科学家才将微生物的研究从形态描述推进到生理学研究阶段，揭露了微生物是造成腐败发酵和人畜疾病的原因，并建立了分离、培养、接种和灭菌等一系列独特的微生物技术，从而奠定了微生物学的基础，同时开辟了医学和工业微生物等分支学科。

因此，正如弗莱明所说，他的成功既是无数科学家长期努力的成果，同时也是近代生理学快速发展的必然。而从青霉素被发现到各种抗生素全面工业化生产，有一个企业不得不提，那就是美国辉瑞制药公司。

辉瑞公司第一个盯上青霉素的人叫约翰·史密斯，他和弗莱明、弗洛礼都是很好的朋友。他在1906年加入辉瑞实验室，一直致力于把辉瑞从化学品提供商转型为主要以研究为基础的制药企业。1914年，史密斯曾经一度离开辉瑞，加入施贵宝公司负责研发，1919年回到辉瑞。

1930年后，史密斯了解到弗莱明对青霉素的早期研究之后，对其疗效作了进一步的调查。1941年，第二次世界大战爆发，史密斯接受了美国政府下达的艰巨任务：大规模量产青霉素，以供战时之需。辉瑞采用其特有的深罐发酵技术完成了任务，并同时成为世界上首个生产青霉素的公司。

1945年，辉瑞生产的青霉素已经占到全球产量的一半（我国从1953年开始生产青霉素，从当时看，也是紧跟世界的脚步了，到2001年，我国生产的青霉素也超过了全球产量一半，可是辉瑞已经准备关闭其抗生素工厂了），无数在战时负伤感染的人得到拯救。

由于青霉素不具有专利保护，当时主要制药企业都在大规模生产，到1947年的时候，辉瑞的市场份额已经跌到百分之二十三。青霉素的发现不仅仅是一种药品的发现，而且是一类药品，甚至是一种新的研发思路的诞生。当时的几家领先公司都在几乎同一时间投入新药的研究。

1948年，美国氨基氰公司洛沙平实验室推出了商品化的青霉素，1949年，帕克·戴维斯公司研制出氯霉素。辉瑞眼看就要落后，已经担任董事长的约翰·史密斯分别在康涅狄格州和印第安纳州建立了实验室和发酵工厂。利用其在青霉素生产中积累的经验，大范围寻找新的抗生素类药品。

1950年他在董事长任上去世，在他去世之后一周，辉瑞取得了土霉素的专利权。充满激情的新任董事长约翰·麦基积极地向医生和医院促销。依靠土霉素，辉瑞正式进军制药业。

1965年，抗生素的年销售额已经突破五亿美元。为了纪念亚历山大·弗莱明、霍华德·弗洛礼及厄尼斯特·简在抗生素研究领域做出的突出贡献，辉瑞公司为三人树立了雕塑，并与公司创始人的雕塑一起摆放在总部广场中间，以此表达对他们的感恩和敬仰。

3. 弗莱明与丘吉尔

提起弗莱明与丘吉尔的关系，可以用充满戏剧性来形容。一位科学家和一位政治家的生死情节，展现给我们的不仅仅是弗莱明的传奇人生，更让我们从另外一个角度看到了弗莱明的伟大。

温斯顿·丘吉尔是英国的一位传奇人物，也是英国历史上一位出名的铁血首相。这里我们有必要对他的传奇经历进行一下了解。1874年11月30日，他出生于英国的一个贵族家庭，青年时期毕业于英国皇家军事学院。1895年，他在英国第四轻骑兵团服役。他在军队中既是一名军人，又是一个出色的记者，负责为伦敦报刊撰写报道。

1899年，丘吉尔辞去了军职，应伦敦《晨邮报》的邀请，去非洲采访南非战争新闻。1900年，他参加保守党的竞选获胜，从而进入国会，开始了他的政治生涯。丘吉尔极力主张自由贸易，坚决反对保护主义的关税政策。

1904年，他毅然脱离保守党，成为自由党议员。1906年，丘吉尔参加了自由党竞选并获大胜，担任自由党政府的殖民副大臣。1908年，丘吉尔任阿斯奎政府的商务大臣。丘吉尔在商务部的时候，进行了许多社会改革：他开展了矿工每日8小时工作制的立法，提出建立劳资协商会，开设政府办的劳动交易所以解决失业的问题，他还一直致力于建立失业保险制度。

1911年，丘吉尔改任内政大臣，那一年的10月又转任海军大臣。他认为海军要随时准备好应战，因而创立了海军参谋部，使英国海军迅速超过了逐步增长的德国海军力量。当第一次世界大战爆发之后，1914年8月2日，丘吉尔命令海军立即准备好对德国作战。

1915年，他要求派兵攻打达达尼尔海峡，但战事失利，损失非常惨重，因此丘吉尔被迫辞职。1916年，他又以无党派议员的身份重新回到议会。1917年，丘吉尔出任军需部长，他十分重视坦克的研制和生产，而这在战争后期发挥了巨大作用。第一次世界大战结束之后，1919年1月，丘吉尔出任国防大臣，并积极参与协约国干涉苏联。

1921年，丘吉尔改任殖民大臣。1922年，土耳其起义军几乎要占领英军驻防的达达尼尔中立地带。这个时候，他坚决主张英国要坚定立场。当时英国政府内阁对这一事件的处理遭到公众舆论的普遍反对，导致内阁垮台，丘吉尔也被迫离职。

1924年11月，丘吉尔再次选入议会，出任当时保守党鲍德温内阁的财政大臣。丘吉尔提出恢复金本位货币制度，结果形成了严重的通货紧缩，使得失业增加，并引起了1926年总罢工。

1929年，保守党政府被迫下台。1930年，丘吉尔与鲍德温完全闹翻。1929年至1939年，丘吉尔没有在内阁担任任何一项职务，也没有参加党派政治，而是专心从事写作。但是丘吉尔一直对希特勒德国的威胁非常焦虑，曾一再大声疾呼要加强国防，但没有引起政府的重视。

1938年9月，张伯伦内阁签署慕尼黑协定出卖了捷克斯洛伐克，丘吉尔明确指出这是"极其彻底的失败"。1939年9月3日，英国对德正式宣战，张伯伦任命丘吉尔为海军大臣。

　　1940年至1945年以及1951年至1955年，丘吉尔两度出任英国首相。第二次世界大战期间，丘吉尔曾和罗斯福以及斯大林一起制订同盟国的战略计划。

　　丘吉尔第一次首相任期始于1940年5月10日，也就是希特勒闪击西欧的当天。丘吉尔同时兼任第一财政大臣以及国防大臣，从而很快把国民经济转入战时轨道。英军自敦刻尔克撤退以及法国投降后，他毅然坚定地领导整个英国人民进行反法西斯战争，在不列颠之战中重创了德国空军，彻底粉碎了希特勒进攻英国本土的企图。

　　1941年6月22日，就在希特勒大举进攻苏联的当天，丘吉尔果断明确地表示"俄国的危险就是我们英国的危险"，并决定援助苏联人民。1941年8月，丘吉尔与罗斯福总统在纽芬兰的普拉森夏湾进行会晤，发布了《大西洋宪章》。之后，丘吉尔的政策就是同苏联、美国建立联盟。

　　1941年12月7日，日本偷袭了美国珍珠港，丘吉尔立即与美国签署了一系列协议，其中包括成立联合参谋部和各战区的联合司令部。

　　工党重新掌权后，丘吉尔担任反对党的领袖。1946年9月，丘吉尔在苏黎世提议成立"欧洲议会"，1949年，丘吉尔参加欧洲议会第一次斯特拉斯堡大会。在这个时期，丘吉尔忙于编写《第二次世界大战》。

1951年，保守党在大选中获得胜利，丘吉尔再次就任首相。1953年，丘吉尔获得嘉德勋位以及诺贝尔文学奖。12月份，丘吉尔参加了英、美、法三国首脑百慕大会议。1955年4月，丘吉尔正式退休，但仍留在下院工作。

1959年，丘吉尔又在选举中获胜，连任一届。这时丘吉尔的另一部主要著作《英语民族史》四卷出版。1963年4月9日，美国国会通过授予丘吉尔荣誉美国公民的称号。1965年1月24日，丘吉尔逝世。

谈起丘吉尔与弗莱明的关系，可以追溯到他们童年的时候。据说，有一年丘吉尔跟着他的父亲到苏格兰看望一位亲戚。闲来无事，小丘吉尔独自一个人跑到水中去游泳，突然小腿抽筋了，情况十分危急。这个时候，小丘吉尔一边挣扎，一边大喊救命。一位农民的孩子正在水塘附近的田里干活，他听见呼救声急忙跑过来，奋不顾身跳进水里，并救起了丘吉尔。这孩子就是弗莱明。

丘吉尔的父亲十分感激，想重重地酬谢农夫，被婉言谢绝了。丘吉尔的父亲后来听人说，小弗莱明非常喜欢学习，但他家里没有钱，便决定资助他。弗莱明生性非常聪颖，好学上进。在丘吉尔父亲的帮助下，他后来顺利考入了圣玛丽医学院，并最终成为一位著名的医生和细菌学家。

1928年，弗莱明医生在实验室研究葡萄球菌标本时，因为没有盖好玻璃器皿的盖子，导致楼上培养的青真菌不知不觉间飘落到仪器中。这个奇迹发生了，由于青真菌的到来，葡萄球菌竟然全部消失了。

弗莱明通过更深入的试验证实，青真菌当中的"青霉素"正是葡萄球菌的克星，并能快速杀灭多种细菌。于是，第一种抗生素就这样被人类发现了。弗莱明也因此获得了诺贝尔医学奖，并被大家公认为历史上最具影响力的一百名人之一。在第二次世界大战期间，已经当上英国首相的丘吉尔在出访非洲国家时，不幸得了肺炎，生命垂危。肺炎在当时还属于绝症，医师均束手无策。正在这个紧急时刻，弗莱明从英国赶了过来，使用刚刚研制出的青霉素，很快治好了丘吉尔的病。

丘吉尔热泪盈眶地紧紧握住弗莱明的手说："谢谢您给了我两次生命。"弗莱明十分平静地回答："您不用客气，第一次是我救你，但这一次是您的父亲救了你。"

4. 诺贝尔医学奖

由于亚历山大·弗莱明和霍华德·弗洛礼及厄内斯特·简的突出贡献，他们三人于1945年被同时授予了诺贝尔医学奖。诺贝尔奖是根据诺贝尔的遗嘱所设立基金提供的奖项，1969年起由最初的五个奖项增加到六个，每年由四个机构（瑞典三个，挪威一个）分别颁发。

诺贝尔是瑞典化学家，一生经营了多家油田以及炸药生产，积累了惊人的财富。他逝世前，决定将遗产大部分作为基金，每年以基金的利息奖给前一年在物理学、化学、生理学或医学、文学以及在和平方面为人类社会做出过卓越贡献的人士的奖金，即诺贝尔奖。

该奖于1901年第一次颁发。1968年起，又增设了诺贝尔经济学奖金，该奖由瑞典国家银行负责提供资金。1901年12月10日，即诺贝尔逝世5周年时首次颁发。诺贝尔在其遗嘱中说明，该奖应每年授予在物理学、化学、生理学或医学、文学与和平领域内"在前一年中对人类做出最大贡献的人"，瑞典银行在1968年增设一项经济科学奖，1969年第一次颁奖。

诺贝尔在他的遗嘱中所提及的颁奖机构是：位于斯德哥尔摩的瑞典皇家科学院、皇家卡罗林外科医学研究院和瑞典文学院，以及位于奥斯陆、由挪威议会任命的诺贝尔奖评定委员会，瑞典科学院还监督经济学的颁奖事宜。

根据遗嘱设立的诺贝尔基金会是这笔基金的合法所有人以及实际的管理者，并为颁奖机构的联合管理机构，但它不参与奖项的审议或决定，其审议完全由上述4个机构进行负责。每项奖包括一枚金质奖章、一张奖状以及一笔奖金；奖金数字视基金会的收入而定。经济学奖的授予方式和货币价值与此相同。

评选获奖人的工作一般在颁奖的上一年初秋开始进行，先由发奖单位给那些具备能力根据诺贝尔奖章程提出候选人的机构发出请柬。评选的基础是专业能力和国际声誉；自己提名者是没有入选资格的。候选人的提名必须在决定奖项那一年的2月1日前以书面通知有关的委员会。

从每年的2月1日起，6个诺贝尔奖评定委员会根据各自分工，开始评选工作。必要时委员会可以邀请任何一个国家的有关专家参加评选，在9至10月初这段时间内，委员会将推荐书提交有关颁奖机构；只是在少有的情况下，才把问题搁置起来，颁奖单位必须在11月15日以前进行最后的决定。委员会的推荐，通常是要遵循的，但不是一成不变的。

各个阶段的评议和表决都是秘密开展的。根据规定，诺贝尔奖只发给个人，但诺贝尔和平奖例外，它也可以授予专门机构。一般情况下，候选人只能在其生前被提名，但正式评出的奖，却可以在其死后被授予，比如1961年哈马舍尔德的和平奖以及1931年卡尔弗尔特的文学奖。奖项一经评定，就不能因有反对意见而进行推翻。对于某一候选人来自官方的支持，不管是外交上的还是政治上的，均与评奖无关，因为该颁奖机构都是与国家无关的。

诺贝尔奖的一笔奖金可以完全发给一个人，也可以在两种成果之间平分，或者由两个或更多人共同分享，有时一笔奖金需要保留到下一年度才能颁发；如果下一年仍然不颁发奖金，则需要退回基金会，当出现奖金既不颁发，也不保留的情况时，也要退回基金会。

这样，在同一个学术领域内，一年中能够有两笔奖金，即上年留下来的奖金以及本年的奖金。如果在规定时间以前获奖者拒受奖金时，则奖金退回基金会。

曾有过拒受奖金及政府禁止本国人领取诺贝尔奖的情况，然而获奖人仍被列入诺贝尔奖获得者名单中，注明"拒受奖金"字样，拒绝领奖的动机可能各不相同，但真正的理由大都是外界的压力；例如，希特勒于1937年颁布的法令，禁止德国人领取诺贝尔奖，因为他认为1935年颁发给奥西埃茨基的和平奖是一种侮辱。

不论何种原因过期不领，拒受者在说明其情况并提出申请时，可领取诺贝尔金质奖章以及奖状，但不能领取奖金，该奖金已退回基金会。

如果没有人具备符合诺贝尔遗嘱中所要求的条件或世界局势妨碍收集评选资料时(如第一次世界大战期间和第二次世界大战期间)，则将奖项保留或停止颁奖。该奖对所有的人开放，不论其国籍、种族、宗教信仰或意识形态如何。

同一获奖者可以多次获奖而不受限制。物理学、化学、生理学或医学、文学以及经济学的颁奖仪式通常在斯德哥尔摩举行，而和平奖的颁奖仪式一般在奥斯陆举行，时间为12月10日，即诺贝尔逝世周年的纪念日。获奖者通常需要亲自去领奖。

1945年，这一学术界的最高荣誉被当之无愧地给予了弗莱明等三位杰出的医学家，这是众望所归。他们的头像被分别铸在诺贝尔奖章上，这也是对医学史上最成功的一次合作的奖赏。弗莱明、弗洛礼和厄内斯特分别来自英国、澳大利亚和德国。

钱恩1906年6月19日出生在柏林。他的父亲麦克·钱恩是一位化学家，也是一位实业家。他在柏林接受早期教育，并很快迷上了化学。他经常会去父亲的实验室和工厂参观，这也加深了他对化学的兴趣。他在柏林的尼采大学就读，学习化学专业，并于1930年毕业。那时他对生物化学的兴趣还停留在一个初级阶段。

毕业之后，他在柏林著名的夏里特医院工作了三年，从事酶的研究。1933年，纳粹在德国掌握了政权，钱恩便移民到了英国。在最初的两年中，他在剑桥的生物化学学院学习磷脂。他的指导老师是霍普金斯先生，霍普金斯的个人魅力和科学能力都令他极其欣赏。

1935年，牛津大学邀请钱恩到威廉姆杜恩病理学院工作。一年之后，他被提升为化学病理学的示教讲师和讲师。到了1948年，他被任命为罗马化学微生物学国际研究中心的科学主任。

1961年，钱恩成为了伦敦大学皇家学院的生物化学教授，这也是他后来一直担任的职位。除了那些很详细的研究，他的研究还涉及很多其他论题。从1935年到1939年，他先后研究过蛇毒液、肿瘤变形、溶解酵素的活动机理，生物化学微量分析的发明与发展方法。

1939年，他和弗洛礼先生一起开始对微型有机物所产生的抗菌物质进行系统研究。对青霉素的重新研究是他最出名的工作，弗莱明在九年前就已经描述过了。这也促成了化学疗法的发现。后来，他又致力于青霉素和其他一些自然抗生素的化学结构的离析和阐述。

从1948年起，他又开始研究神经组织中的碳水化合物氨基酸的关系，研究胰岛素的作用模式、发酵技术、六胺基青霉素烷酸、青霉素酶稳定的青霉素、浸没的培养菌中麦角酸的生产以及真菌代谢物的离析。钱恩著有很多科技论文，也和别人合著过不少。他还是青霉素和抗生素重要专论的投稿人。

1946年他被瑞典医学协会授予伯齐利厄斯银牌以及巴斯德学院的巴斯德奖章。他于1949年被选入皇家科学院。他在比利时烈日大学、波尔多大学、都灵大学、巴黎大学、拉普拉塔大学、科尔多瓦大学、巴西大学以及蒙得维的亚大学拥有荣誉学位。此外，他也是一些国家学术界的成员。

弗莱明、弗洛礼和厄内斯特在青霉素的研究道路上结下了深厚的友谊，他们既是良师又是益友。正如弗莱明所说的，青霉素不是一个人研究的成果。这种协作精神同盘尼西林一样，是人类不可多得的宝贵财富。

1945年12月10日，弗莱明在斯德哥尔摩举办的诺贝尔颁奖晚宴上发表了演说。他是这样说的："这么多年来，我一直关注诺贝尔和诺贝尔奖得主们。我一直把他们视为遥不可及的人群。然而现在我却突然站到了这一行列之中。我不禁感慨，他们到底是怎样的与众不同。对一个科学家来说，获得诺贝尔奖意味着至高无上的荣誉。而他们获得这一伟大的殊容究竟是实至名归，还是命运的垂爱？

我们都知道在众多的科学发现中，机遇、财富和运气起着至关重要的作用。我们并不知道有多少成分在其中，因为那些获奖的科学家没有明确说明他们是如何发现的。虽然我们知道很多时候都是偶然的观察使科学家们获得灵感，而最终在理论和实践中有所发现。

这一说法尤其适用于生物科学。我发现了青霉素，所以我得到了诺贝尔奖。或许是因为青霉素验证了我的想法。35年前，人们发现了治疗梅毒的特效剂——撒尔佛散。从此，我也开始对化学疗法和抗菌学感兴趣。但是我其实是一个免疫学者，在实验室里不停研究免疫学。

1922年，在一次偶然的机会之下，我发现了溶解酵素，一种最有趣的抗生素。溶解酵素是存在于标准电池中的酵素，也是一种分泌物，特别存在于像眼泪这样的惰性分泌物中。它具有非凡的杀菌能力，让我见识了抗生素的强大威力。

然而遗憾的是，从医学的角度来看，溶解酵素对于那些不会传染人类的破坏细菌才有着显著的作用。但它也是有价值的，因为它为我最终发现青霉素奠定了基础。我也相信，它对我的诺贝尔伙伴霍华德·弗洛礼和钱恩也有一定的帮助。

1928年，霉变质了我的培养液。这个意外发现给了我很大的启发。那时我研究的课题和霉、杀菌剂都没有关系。如果当时我所研究的正是这个，很可能我就会忽略了这件事，而是潜心研究成果。那青霉素也就不会被发现，我也就不能作为诺贝尔奖得主而站在这里了。

然而，我很幸运。或者应该说这个世界很幸运。我放弃了之前的工作，开始沿着命运提示的轨迹去作研究。我把这个污染的霉隔绝出来。于是它生成了一种抗菌物，我把它命名为青霉素。我像一个细菌学家一样竭尽全力地研究它。我预感这是件好事，但又不清楚它好在何处。而当时我也没有研究小组，尤其是化学研究小组，来浓缩和稳定青霉素。

十年之后，霍华德·弗洛礼和钱恩先生在牛津成立了研究小组，成功解决了青霉素的浓缩问题。并向世人展示了青霉素神奇的化疗特质。后来，幸运之神再一次眷顾了他们。那时正值战争期间，经济基本上处于瘫痪。所以在和平时期不可能出现的大规模生产也得以实现。于是，在相当短的一段时期中，生产困难的难题就被轻易克服了，青霉素也大批量地生产出来。现在，我想用青霉素的发现来说明两个观点。

首先，团队工作可能不利于新鲜事物最初的发展。然而一旦有了一点头绪之后，团队力量就必然变成取得成功不可或缺的因素。

其次，运气对于发明来说至关重要。1928年，是运气让我的培养液变质。是运气让弗洛礼和钱恩在1938年开始研究青霉素，而并非其他别的抗生素。也是运气使他们的发现在最需要青霉素的战争时期能够开花结果。

当我们认为自己是万物的主宰时，我们只不过是人生这盘棋上的棋子，被更加强大的力量所操纵。"

在亚历山大·弗莱明一直工作生活的圣玛丽医院，他还是一直孜孜不倦地工作下去。虽然他有了诸多的荣誉和桂冠，弗莱明仍旧保持着他谦和的个性。在他获诺贝尔奖后一年，原先担任伦敦圣玛丽医院疫苗接种部门主任的奥姆罗斯·莱特退休，这个职务便由弗莱明来接任。他的工作中一项重要的内容便是培养年轻的细菌学家，他要把自己的一切知识无私地传授给新一代的医学人才，把与病魔抗争的战斗进行下去。

虽然工作十分繁忙，弗莱明还是充满了兴趣，他受世界各地各界人士的邀请，要到处旅行、讲学、参加研讨会。与此同时，他还要抽时间辅导年轻人,他就是这样不知疲倦地工作着。

5. 最后的时光

在弗莱明的生命中,他最大的安慰不是所取得的成绩与荣誉,而是陪伴他身边的妻子莎莉。从1915年两人结婚开始,莎莉就一直陪在弗莱明的左右,她曾与弗莱明一起经过战争时期的艰苦岁月,也曾和他忍受过失败的苦涩和失望,并在这些日子里给予他莫大的帮助。

弗莱明在工作上花掉了自己大部分的精力,整个家庭的责任都由莎莉来负担。她在弗莱明发现盘尼西林的整个过程中一直都是他坚实的支柱。

在弗莱明与莎莉结婚的头几年,他们还时常有时间来到位于乡间的杜恩别墅,排遣一下多日的疲劳和紧张的精神。后来,随着弗莱明工作的日趋忙碌,莎莉也同他一样整日不停地操劳,加之战争的原因,杜恩别墅的生活就成了他们最为美好的回忆。

在弗莱明取得巨大荣誉之后,他的生活也变得更加紧张了,虽然莎莉的健康状况每况愈下,大不比从前,当年那位活泼漂亮的护士小姐如今已是白发苍苍,但是她最初一直都坚持陪着弗莱明到各地去旅行,亲自照料他的生活。

直到1948年,莎莉太过劳累了,才不得不停止了这种生活。弗莱明还有他们的儿子罗伯看着莎莉日渐消瘦的样子，内心都十分着急。虽然身为名医，弗莱明治愈了不知多少人的病，挽救了多少人的生命，但对妻子的病他却毫无办法，无助地看着她衰弱下去。

弗莱明的这位34年的伴侣和朋友在1949年10月28日去世了。

莎莉的去世给弗莱明带来的打击太大了，他一下子苍老了许多，原先只是花白的头发也全白了，六十八岁的弗莱明失去了生活的动力，看上去要比他实际的年龄老许多。

在圣玛丽医学院里，人们再也见不到那位每日都兴致勃勃、意气风发的弗莱明了，实验室那往日里经常开着的大门也被永远地关上了。

弗莱明的消沉持续一段时间后，人们普遍认为亚历山大·弗莱明只能属于过去了，他只能在回忆与痛苦中感受生活，他已经没有勇气再面对现实了，因为他年事已高，这样的情况也是在所难免。而弗莱明并没有被悲伤永远击倒下去，他对工作的执着唤起了他内心的活力，他又重新投入到生活中来，以他坚韧不拔的毅力战胜了所有的悲伤，意气风发地工作起来。

1952年，弗莱明回到他的故乡苏格兰，苏格兰的一切都是那么亲切，他仿佛又成了农场上那个亚历山大，那么多美好的往事一下回到记忆之中。从1895年十四岁的弗莱明为求学来到伦敦起，五十多年来，苏格兰始终在他的心上。时光飞逝，弗莱明回想自己在荒原上嬉戏的童年和那些与弟弟罗伯特一道早出晚归去达佛镇读书的日子，真是感慨万千。

这次回到苏格兰，亚历山大·弗莱明被选为爱丁堡大学的校长,他参加了为他举行的隆重的就职典礼,弗莱明身着深色的导师服,头戴博士帽被爱戴他的年轻学子们围住。这些新一代的青年人有许多都是在他所发现的盘尼西林的护翼下才得以健康成长起来的。就职仪式一结束,兴高采烈的学生们就把弗莱明高高地举起,他是人们心目中的英雄,是拯救人类的功臣。这项荣誉是他的故乡苏格兰给他的特别的喜悦。

虽然近年来,他因领导世界科学发展而获得了各种各样的奖励,又深得各国领导人以及不同宗教界领袖的欢迎,也得到了众多大学名誉教授、名誉校长、院长的头衔,弗莱明却从来没有像他在爱丁堡大学里这样兴奋过,这是一种出自内心的感情,是只有在故乡才会有的心情。

在这里,他感到了阔别已久的乡情和亲情,也深为自己能有所成就、感谢故乡的养育之恩而欣慰。在自己故乡的土地上,亚历山大·弗莱明不仅找回了童年的梦想,成为一名能为人解除病痛的医生,而且也看到了那些充满活力的青年一代,正以他为榜样,发奋读书,为苏格兰的明天而努力。他更希望这些年轻人能具有一种高尚的品质。在弗莱明的一生中,一直都遵守着人格的信条。他为自己的目标奋斗,但从不会趋炎附势,不为自己谋取私利。

在1943年弗莱明被选为英国皇家学会会员时,他不曾发表一句讲话。原因就是他早已知道有人故意把他的当选拖延了好多年,他原拟的一篇演讲稿在他知道权贵们事先看过后,他当即拒绝朗读。

弗莱明越来越受人推崇,而在人生事业的顶峰,他一直怀念莎莉,怀念那些与她共度的快乐时光。进入老年的弗莱明时常被孤单包围，他的儿子罗伯·弗莱明也已长大成人，从事自己的事业，有了自己的生活，虽然他们父子情深，罗伯时常来看望父亲，但弗莱明在工作繁忙之余更显寂寞无助。

在牛津，弗莱明的挚友和同事弗洛礼也经历了像他一样的悲剧。弗洛礼的妻子艾瑟·弗洛礼曾是他的亲密伴侣，艾瑟不仅像莎莉一样是家庭生活的主角，而且在盘尼西林研究方面也是一位专家，她参加了盘尼西林用于人体的第二组实验，是执行这一任务的主要医生之一。

在牛津研究群中像艾瑟·弗洛礼这样的女性有好几位。在整个研究工作中她们发挥自己的专长，其中不乏有成就的人员。艾瑟·弗洛礼去世之后，弗洛礼的生活也一度受到巨大的影响，这时，在他身边与他一起工作的另一位女专家玛格丽特·珍妮丝走进了他的生活，后来成了弗洛礼的第二任夫人。玛格丽特的出现为弗洛礼的后期研究工作取得成功起了很大的作用，他们的共同努力是把弗洛礼的研究事业推向第二次高峰的原动力。

亚历山大·弗莱明在失去莎莉的日子里，每日埋头工作，许多原来的爱好也放弃了，他每天的生活都在工作、工作，仿佛只有工作才能排遣他的悲伤。弗莱明在圣玛丽医学院的实验室的同事们一方面十分敬重这位成就卓著的科学巨匠，另一方面也为他的不幸而痛惜。

第二次世界大战之后，随着盘尼西林的成功，弗莱明的圣玛丽医学院的实验室也闻名于天下，许多海外的医学工作者都想加入他的研究室，与这位科学巨子一起工作，探访盘尼西林的源头，更重要的是学习弗莱明的工作、研究方式，艾蜜利亚·弗莉佳就是其中的一位。

艾蜜利亚是一位生物学家，她来自希腊，多年来她一直敬仰弗莱明的品格和成就。艾蜜利亚勤奋好学，虽然还年轻，就已经获得了博士学位。

二次大战以后，艾蜜利亚以她的聪明才智在众多竞争者中脱颖而出，有幸进入了圣玛丽医学院弗莱明的研究室工作，在弗莱明失去莎莉的这段岁月里，艾蜜利亚成为弗莱明重要的伴侣，她常给弗莱明以生活的动力，在工作中，两个人的配合也十分默契，许多弗莱明没有时间处理或者忽略掉的细节问题，都由艾蜜利亚仔细地安排妥当。弗莱明的晚年生活因为有了她也重新活跃起来，他们最终于1953年结婚。

弗莱明已经是七十多岁的老人了，他依然孜孜不倦地进行着研究工作。弗莱明是大众心中一座丰碑，只要提到他，世界各地的不同肤色的人们都怀着深深的敬意。自从发现和提取青霉素之后，人类增添了战胜疾病的有力武器。

据统计，那个时候每年有将近两千万的人患肺炎，这种被称为"肺疥"的疾病在中国也是非常普遍而无药可治的，给这些人注射盘尼西林之后，他们很快就康复了。另外，用盘尼西林还能治好传染性强、危害极大的脑膜炎、白喉、猩红热等疾病。人类有今天这样的人口素质和健康状况，还要归功于像弗莱明这样的科学家。

在圣玛丽医学院，人们更加尊敬弗莱明。虽然在弗莱明的研究生涯里最艰苦的时期，奥姆罗斯·莱特提出过怀疑论，针对弗莱明和青霉素的这种怀疑论为研究工作设立了更大的障碍，因为莱特一直是圣玛丽医学院，乃至英国的医学权威，在他的事业中，也有不可磨灭的光辉，所以，继弗莱明之后的研究所仍命名为"莱特——弗莱明研究所"。

R·克利山克教授继任弗莱明担任"莱特——弗莱明研究所"所长的职务。他对弗莱明十分了解，对于他的品质、事业，克利山克教授曾说过这样一段话：亚历山大·弗莱明谦虚而自然地接受了各种加在他身上的荣誉。

但是，真正让他大受感动的，却是众人联合的签名，以及得到盘尼西林的拯救而受惠的儿童和穷人的感谢信。他继续不断地研究人体天然免疫系统中的调理素、吞噬细胞及溶菌霉。然而，现在我们却只能哀悼，因为我们将永远失去这一位优秀的科学家和了不起的人物。

人们为弗莱明的品质和业绩感动，同时，更为他的健康担忧。弗莱明本人似乎一点也不考虑自身的问题，他在持续工作的同时还经常应约四处旅行，把先进的医学知识传授给更多的人。

他还经常亲笔回复一些来信，不过，那不是什么重要人物的贺信、邀请，而是平常百姓的来函，他坚持医学是为大众民生服务的科学。在盘尼西林尚未大批量生产，许多地区还不能方便、迅速地得到它的时代，弗莱明就极力推动盘尼西林的普及，有时，他直接参与无偿出让一些盘尼西林，给那些病弱而且因贫穷无法得到它的人。

他经常为自己的这项发现不能更广泛地用于人类而寝食不安，

在他的督促下，实验室的人员加紧研究，要生产出更为有效，更为廉价，在一般人承受能力之内的抗生素来。

回首自己走过的道路，弗莱明常常以自律来规范自己，他曾写道："日常生活中，任何一个人都可以自由地研究，甚至做出有价值的成果。只要他持之以恒并细心去加以观察，一发现有任何不寻常的迹象，就要立刻去找出它所代表的意义。未来人类的幸福，就仰仗研究者能否去自由地依照他自己的思考方式来寻求真理了。一位研究者，可以有名扬四海的决心，但若只是寻求财富与权势，却是在朝着错误的方向而去。"

他的这段话简练而深切地概括了他的人生信条和对未来科学工作者的殷切期望。对于他自己取得的伟大成就，弗莱明不去理会那些赞扬和吹捧，他经常说的一句话就是："这没什么，我唯一的功劳是没有忽视观察。"

他还十分幽默地说自己不是在从事研究时有了重大的发现，他是在做游戏的时候发现了青霉素。许多人认为他这是推托之词，而弗莱明对盘尼西林的发现，以及对其他一些科学发明都一向认为，在科学发现的舞台上，正是做游戏的人做出最新的发现，而按部就班的科学家发展这些发现。

的确，在弗莱明的一生中，两项最重要的发现——溶菌霉和盘尼西林都是因偶然的机会而转变为科学财产的很好的范例。然而，弗莱明的成就真的是只因为一滴鼻涕和一粒灰尘的落入而造就的吗？

19世纪生物学研究的先驱人物，也是发展疫苗的最早代表之一的巴斯德曾经说过："在实验的领域中，机会只偏袒有实力的人。"再也没有人比弗莱明更能证明这句话的道理了。

如果不是弗莱明在圣玛丽医学院数年的苦读，不是长期以来在从事细菌研究过程中积累下来的大量宝贵的经验，在理论以及实践上都具备了非凡的实力，而且这种科学素养以及洞察力在他那高度好奇心的引导下淋漓尽致地发挥出来，他又如何能够紧紧地把握住这些个观察、深思的机会呢？

弗莱明还说过："我其实并没有发明盘尼西林，是自然界发明了它，我只是碰巧发现了它。"偶然的机会有很多，在弗莱明之前，不止有一位科学家清楚地看到过青真菌，因为这种物质几乎在我们这个世界上无处不在，但他们都让它擦肩而过，难道他们就不如弗莱明那样能"碰巧"发现盘尼西林吗？

可以说，从弗莱明从事微生物研究的那一天起，他的目标就是努力寻找一种完美的杀菌剂，正是有这个动力牢牢嵌在他的潜意识中，他才能够不断地进行各种各样的试验，不厌其烦地随时做记录，把它们仔细地加以研究，在这些过程中，他一直保持着高度的警觉性。在这么多年的研究中，只要他能找到的细菌，他都收有这种细菌的菌种。单只这一项就花费了许多精力，更不必说对这些细菌都需要进行大量详细的试验、测试了。

他在整个发现过程中，历经十几个寒暑，其中，对上千种细菌的分析研究都失败了，青真菌只不过是其中的一种。所以说，弗莱明所说的碰巧也只是必然中的偶然而已。

弗莱明能够取得如此辉煌的成就，它的另一方面意义其实更加深远。那就是他在整个研究生涯中，从来没有轻视过任何一个个体的智慧，他尊重集体的智慧。

弗莱明其实是一个独立思考能力极强的科学家，他平时沉默寡言，但是在学术问题上他又是极为健谈。他能够一言不发地听取同事们的各种意见，不论这位同事的水平是比他高或只是一个普通的工作人员，他对这些意见都会仔细地考虑，不断改进自己的工作方法。而遇到自己不懂的问题他也会虚心向人请教。

盘尼西林的后期研究就是一个合作的典范。正是由于弗莱明具有伟大科学家的优秀品质，盘尼西林才能集合了各方面的人才，在不同的领域、不同的时间里共同贡献智慧。这里面体现出来的科学家的素养是比盘尼西林的发现还要重要的一个启示。

弗莱明的研究和探索给他带来了无穷的乐趣，同时，长期的劳累也损害了他的健康。特别是在他年事已高时，还要奔波于世界各地，进行一些学术演讲和科学传播工作，有时则要充当国家的使节。弗莱明对这些毫无怨言，而实际上，他本人也都早已献给了全人类的健康和和平事业。这位创造了医药史上奇迹，从而改变了全世界的科学家终因心脏病突发，于1955年3月11日与世长辞了。

50年代亡故的弗莱明，还未能看到他的发现具有多么伟大的意义。今天，抗生素是人类使用的有效药物中非常广泛的一类，可以这么说，全世界几乎没有人不曾使用过抗生素类药物，而被抗生素从死亡边缘拯救回来的人们也不计其数。

弗莱明之后，各国的化学家和生物学家都曾继续过他的事业，在微生物的领域里不断探索。他们的许多试验方法，也是采用弗莱明经常使用的方式，例如，在测量不同程度抗生素的抗生强度时，在培养基内挖些凹槽，槽中填入抗生素，然后观察每一凹槽边不含细菌的部分之比例，这种方法即为弗莱明采用的。而且在医学工具有了很大改进的当代，弗莱明的实验理论和指导原则仍起着非常重大的作用。

在分离抗生素的工作中，前苏联的微生物学家已经努力从有活动能力的菌类里提取有抗生作用的物质。在美国，瓦克斯曼能够从放射状菌类中的灰色链真菌中分离出起抗结核杆菌作用的链霉素，这就是弥补了青霉素的唯一缺陷的一项发明，在1948年，福尔克阐明了链霉素的化学结构。到了50年代，四环素又被发现了，它在很多方面都有特别的用途。

从亚历山大·弗莱明发现青霉素以来，经过世界各国科学家的辛勤劳动，已经找到了大约两千种不同的抗生素，而且每年都有新的发现，这些发现许多都是在承袭了弗莱明的理论和方法后得到的。

20世纪的微生物学走过了极其辉煌的历程，我们展望它的未来，将是一幅更加绚丽多彩的立体画卷，在这画卷上也可能会出现我们目前预想不到的闪光点。因此，我们在这里只能勾勒一下21世纪微生物学发展的趋势。

微生物基因组学研究将全面展开。所谓"基因组学"是1986年由托马斯·罗德·里克提出首创，至今已发展为一个专门的学科领域，包括全基因组的序列分析、功能分析以及比较分析，是结构、功能以及进化基因组学交织的学科。

如果说20世纪刚刚起步的微生物基因组研究是给"长跑"中的"人类基因组计划"一臂之力的话，那么21世纪微生物基因组学将继续成为人类基因组计划的主要模式生物，在后基因组研究中发挥着不可取代的作用，并会进一步扩大到其他微生物，特别是同工农业及与环境、资源有关的重要微生物。

目前已经完成基因组测序的微生物主要是模式微生物、特殊微生物及医用微生物。而随着基因组作图测序方法的不断进步与完善，基因组研究将成为一种常规的研究手段，为从本质上认识微生物以及利用并改造微生物将出现质的飞跃。并将带动分子微生物学等基础研究学科的发展。

与其他学科实现更广泛的交叉，获得新的发展。20世纪微生物学、生物化学以及遗传学的交叉形成了分子生物学；而迈向21世纪的微生物基因组学则是数、理、化、信息技术等多种学科交叉的结果；随着各学科的迅速发展以及人类社会的实际需要，各学科之间的交叉和渗透将是必然的趋势。

21世纪的微生物学将进一步向地质、海洋、大气以及太空渗透，使更多的边缘学科得到发展，如：微生物地球化学、海洋微生物学、太空微生物学以及极端环境微生物学等。微生物与能源、信息、材料以及计算机的结合也将开辟新的研究和应用领域。

此外，微生物学的研究技术和方法也将会在吸收其他学科的先进技术的基础上，向自动化、定向化和定量化发展。

微生物产业将呈现全新的局面。微生物从发现到现在的短短的300年间，特别是20世纪中期以后，已在人类的生活和生产实践中得到广泛的应用，并形成了继动、植物两大生物产业后的第三大产业。这是以微生物的代谢产物以及菌体本身为生产对象的生物产业，所用的微生物基本上是从自然界筛选或选育的自然菌种。

21世纪，微生物产业除了更为广泛地利用以及挖掘不同生境的自然资源微生物外，基因工程菌将形成一批强大的工业生产菌，生产外源基因表达的产物，特别是药物的生产将出现前所未有的新局面，结合基因组学在药物设计上的新策略将产生以核酸为靶标的新药物的大量生产，人类将完全征服癌症、艾滋病以及其他疾病。

此外，微生物工业还将生产各种各样的新型产品，例如，降解性塑料、DNA芯片以及生物能源等，在21世纪将出现一批崭新的微生物工业，为全世界的经济和社会发展做出更大的贡献。

附录

弗莱明生平

亚历山大·弗莱明的家乡，在苏格兰西南部，一个叫做亚尔郡高地的地方。那里没有美丽的山川河流，只有山丘、峡谷以及一年四季都不停止的狂风。1881年8月6日，在离达佛镇大约四英里的一个小山丘上，在一所农民家庭的房子里亚历山大·弗莱明出生了。弗莱明的家人亲切地叫他"亚历山大"，有时候直接叫他"亚历"。

弗莱明在七岁的时候，父亲就去世了，是哥哥和母亲把他抚养大的。亚历山大·弗莱明在亚尔郡高地上，度过了近十三年的童年时光，他的成长经过了一系列的波折，这培养了弗莱明坚强的性格。

十三岁之后，弗莱明来到伦敦，和他同父异母的哥哥汤姆生活在一起。汤姆是一名眼科方面的科学家，他当时在伦敦已经有了一定的成就，年轻的弗莱明受其影响，对医学产生了兴趣。

弗莱明二十岁那一年，他的一个舅舅去世，由于他的舅舅没有结婚，所以他的财富由弗莱明兄弟几人继承。弗莱明得到了一笔不错的遗产，于是他去报考圣玛丽医院附属医学院。

1901年7月，弗莱明通过了圣玛丽医院附属医学院十六门课程的考试，顺利地成为医学院的一名学生。

1906年7月，弗莱明取得了独立开展诊所的资格，而后在莱特的手下工作，在接种部门做了一名助理。在经过了几年的实践之后，1909年，弗莱明开始自己研究痤疮并成功地改进了检测梅毒的程序。在伦敦，弗莱明是少数能为梅毒患者注射"六零六"的医生之一，这为他带来一定的声誉。第一次世界大战爆发以后，弗莱明跟随莱特到了法国，参加对于受伤士兵的医治工作。在这个过程中，弗莱明发现了现用的药品在消毒杀菌过程中的不足。他有了研制更有效的杀菌剂的想法。

　　1921年11月的一天，弗莱明发现了一种叫"溶菌酶"的细菌，它具有杀菌作用。经过几年的实验，这种"溶菌酶"的杀菌作用十分的有限，而且对于病原细菌，没有杀灭作用。1928年弗莱明发现了青霉素，6月他发表了论文《关于真菌培养的杀菌作用》。在1929年到1939年的十年里，弗莱明对青霉素作了大量的研究。1940年，弗莱明因为发现青霉素而声名鹊起。他本人将青霉素的发明归功于牛津小组。1945年他与弗洛礼和钱恩共同获得了诺贝尔医学奖。1955年，弗莱明去世，享年七十四岁。他在细菌学方向的研究成果，以及敬业的精神激励着一代又一代的人。

获奖辞

赢得了诺贝尔医学奖的时候，我要告诉你们一些故事，一些在青霉素研究初期的故事。

有人问我，为什么要命名为青霉素，而不是别的什么名字。我只是按照一般的命名思路，创造出了"青霉素"这个名称，因为这种物质是来自于青霉属的植物。就像多年以前，当第一次发现"洋地黄素"，因为它是从植物"洋地黄"中提炼出来的，所以就命名为"洋地黄素"。作为一个在微生物研究方面，有一定造诣的学者来说，对于微生物世界中的"一物降一物"早已经是司空见惯的事情了。这种一物克一物的规律，在人类现实的世界，也是这样的。对于从微生物中提取出来的抗生素而言，它也要遵循"一物降一物"的规律。

青霉素并不是我偶然发现的第一种抗生素。1922年，我曾经描述过一种叫做"溶菌酶"的物质。这种"溶菌酶"具有强力的抗菌作用，它可以在几秒钟内，就彻底清除细菌。但是令人不幸的是，这种"溶菌酶"的作用，仅仅体现在对某些非致病的细菌上面。这些非致病的细菌都是一些对人类没有什么危害的微生物，因此它的实际应用价值并不是太大。

在1914年到1918年的战争期间，我对杀菌剂产生了深厚的兴趣。青霉素的起源是金黄色葡萄球菌污染的培养皿。在1924年的时候，我曾经描述过我做过的试验，我想那大概是我做过的最好的实验了。1928年我在英国伦敦的圣玛丽医院工作，在一次偶然的实验中，我注意到一只被遗弃的培养皿中，生长出了一种葡萄球菌。而让我感到意外的是，这种葡萄球菌的生长，被一种叫做青绿色的真菌阻止。在培养皿中，凡是有青绿色真菌的地方，葡萄球菌都会因为生长受抑制，而失去了应有的功能。

这种葡萄球菌，对于我们人类的身体是有害的，如果它的生长受到抑制，也就意味着它可以对人的身体起到保护作用。因此我就推测，青霉素的分泌物在抑制细菌生长方面，应该有特别显著的功效。我测试过的所有作为抗菌剂的使用和化学品。它们都表现在以同样的方式，在一定浓度上摧毁白细胞和使细菌的生长。当我在同一个测试青霉素对金的方式，它可以达到完全不同的效果。1929年，我将青绿色的真菌能阻止葡萄球菌生长的现象，写成文章发表在实验病理学期刊上。因为当时对于青霉素的提纯及量产问题，还存在很大的困难，所以文章发表后没有受到多大的关注，甚至于我自己也对其失去了热情。

后来弗洛礼和钱恩的实验，彻底地解决了这两个问题。在他们的实验中，弗洛礼和钱恩将致命的细菌，注入老鼠的体内，注射的剂量要足以让老鼠死亡。在八只实验的老鼠中，让其中的四只注入四种不同的抗菌物质，在四种抗菌物质中，就有青霉素。实验的结果让人感到意外，只有注射了青霉素的老鼠存活了下来，其他的老鼠都死亡。之后，弗洛礼和钱恩又纯化了青霉素，并且将它顺利地量产。所以，我说真正意义上的青霉素，是弗洛礼和钱恩研制出来的。

　　最后我还要说明的是，青霉素的用量问题。如果在使用青霉素的时候，其剂量不足以杀死细菌，这是一件十分危险的事情。它很有可能导致细菌发生变化，而具有抗药性。

获奖时代背景

1945年5月9日、9月2日,德国以及日本两大法西斯国家先后向同盟国无条件投降,人类历史上的第二次世界大战以法西斯国家的彻底失败和反法西斯国家的完全胜利而宣告结束。第二次世界大战从1939年9月1日到1945年9月2日,历时整整6年。第二次世界大战是以德国、意大利以及日本法西斯轴心国为一方,以反法西斯同盟以及全世界反法西斯力量为另一方进行的一次全球规模的战争。

从欧洲到亚洲,从大西洋到太平洋,先后有六十多个国家和地区、二十亿以上的人口被卷入这场残酷的战争,作战区域面积达到两千两百万平方千米。据不完全统计,战争中军民共伤亡九千多万人,四万多亿美元付诸流水。第二次世界大战是一场规模空前的战争,它给世界人民带来了巨大的灾难。

通过这场战争,沉重打击了国际帝国主义,横行一时的德、日、意三个帝国主义国家被彻底的打败了。曾经是世界头号强国的英法也受到了严重的削弱。他们虽然打赢了这场战争,同时也失去了往日的地位。

而与此相反的是,国际社会主义越过了一国的范围,得到了蓬勃发展。战后在欧、亚两大洲都出现了一系列的人民民主国家,特别是中国革命的胜利,使得社会主义力量得到空前壮大,发展了十月革命的成果。

规模空前的反法西斯战争，也使占世界人口大多数的殖民地、半殖民地国家的人民参加了这场战争，从而促进了亚非拉民族解放运动的蓬勃发展。战后，殖民体系得到迅速瓦解，帝国主义的统治范围大幅缩小。亚非拉一系列国家的相继独立，加快了世界历史的发展进程。

同时，二战还推动了人类科学技术的大发展。军事上的需要，使交战国投入了大量的人力、物力以及财力去发展相应的科学技术，制造克敌制胜的武器。原子弹的试制成功，正是因为迫切的军事需要。V-2火箭的发明最初也是由于军事上的用途。

总之，伟大反法西斯的第二次世界大战的全面胜利是一个人类社会划时代的重大历史事件，对世界历史的发展具有十分深远的影响。从此人类进入了一个崭新的阶段。

弗莱明年表

亚历山大·弗莱明1881年8月6日出生于苏格兰基马尔诺克附近的洛克菲尔德。

1901年7月弗莱明通过了圣玛丽医院附属医学院十六门课程的考试，顺利地成为医学院的一名学生。

1906年毕业后留在母校的研究室，帮助其师莱特博士进行免疫学研究。

1915年弗莱明和莎莉结婚。

1918年弗莱明返回圣玛丽医学院，加紧进行细菌的研究工作。

1922年他发现了一种叫"溶菌酶"的物质，发表了《皮肤组织和分泌物中所发现的奇特细菌》的报告。

1929年弗莱明发表了《关于真菌培养的杀菌作用》的研究论文。

1945年弗莱明、弗洛礼和钱恩共获诺贝尔生理学及医学奖。

1943年弗莱明成为英国皇家学会院士，1944年被赐予爵士。

1953年弗莱明再婚。

1955年3月11日与世长辞，安葬在圣保罗大教堂。

获奖当年世界大事记

（1945年）

1945年1月17日，苏联占领华沙。

1945年1月27日，苏联红军解放奥斯维辛集中营。

1945年2月4日，雅尔塔会议召开。

1945年2月14日，智利、厄瓜多尔、巴拉圭和秘鲁加入联合国。

1945年2月19日，硫磺岛战役开始。

1945年3月3日，芬兰向轴心国宣战。

1945年3月6日，罗马尼亚成立。

1945年3月8日，铁托建立南斯拉夫。

1945年3月22日，阿拉伯国家联盟成立。

1945年4月12日，美国总统罗斯福病逝，哈利·S·杜鲁门继任美国总统。

1945年4月25日，第二次世界大战：苏军与美军在易北河会师。

1945年4月28日，墨索里尼被处决。

1945年4月30日，苏军占领柏林，希特勒自杀身亡。

1945年5月8日，德国无条件投降，纳粹德国覆灭。

1945年6月26日，联合国成立，50国代表在旧金山签署联合国宪章。

1945年7月16日，美国试验第一颗原子弹。

1945年7月17日，波茨坦会议召开。

1945年8月2日，杜鲁门、艾德礼及斯大林发表三国《波茨坦宣言》。

1945年8月6日，美国在日本广岛投下一颗原子弹。

1945年8月8日，苏联对日本宣战。

1945年8月14日，《中苏友好同盟条约》签订。

1945年8月15日，日本法西斯宣布无条件投降。

1945年9月2日，日本向同盟国签署投降条约。

1945年10月24日，联合国正式成立。

1945年11月9日，世界上第一台电子计算机ENIAC完成。

1945年12月10日，弗莱明、弗洛礼、钱恩获诺贝尔医学奖。